# 高校心理咨询基础理论

刘 佳 著

陕西新华出版
陕西科学技术出版社
Shaanxi Science and Technology Press
西 安

**图书在版编目(CIP)数据**

高校心理咨询基础理论 / 刘佳著. -- 西安 : 陕西科学技术出版社，2025.3. -- ISBN 978-7-5369-9177-4

Ⅰ. G448;B844.2

中国国家版本馆 CIP 数据核字第 20250B9Q70 号

**高校心理咨询基础理论**

GAOXIAO XINLI ZIXUN JICHU LILUN

刘 佳 著

**责任编辑** 焦 洁
**封面设计** 卫晨亮

**出版者** 陕西科学技术出版社
西安市曲江新区登高路 1388 号陕西新华出版传媒产业大厦 B 座
电话(029)87205187 传真(029)81205155 邮编 710061
http://www.snstp.com
**发行者** 陕西科学技术出版社
电话(029)81205180 81206809
**印刷者** 西安新汇印务有限公司
**规 格** 787mm×1092mm 16 开本
**印 张** 9
**字 数** 220 千字
**版 次** 2025 年 3 月第 1 版
2025 年 3 月第 1 次印刷
**书 号** ISBN 978-7-5369-9177-4
**定 价** 58.00 元

# 前言

在当今社会，随着高等教育的普及和深化，大学生群体面临着前所未有的机遇与挑战。他们正处于身心发展的关键时期，同时也是各种心理压力和困惑的集中爆发期。因此，高校心理咨询的重要性日益凸显，它不仅是大学生心理健康教育的重要组成部分，更是促进大学生全面发展、健康成长的有效途径。基于此，撰写了《高校心理咨询基础理论》一书，旨在系统梳理和深入探讨高校心理咨询的理论基础与实践应用，为高校心理咨询工作者提供科学的指导，同时也为关注大学生心理健康的社会各界人士提供参考。

本书的写作源于对高校心理咨询实践的深刻反思与理论探索的迫切需求。基于2019年西安外国语大学校级课题(19XWE20)和2023年西安外国语大学本科教学改革项目(23BYSZ04)的科学研究，结合多年的心理咨询工作中，我深切体会到，有效的心理咨询不仅依赖于咨询师的专业技能，更离不开对其背后深层次理论的理解与掌握。然而，目前市面上关于高校心理咨询的书籍虽多，但系统地阐述其理论体系的著作尚显匮乏。因此，我深感有责任和义务将自己在实践中的感悟与理论学习的成果相结合，撰写一部全面、系统的高校心理咨询基础理论专著。

我深知，高校心理咨询是一个复杂而细致的工作，它涉及大学生成长的方方面面，也面临着诸多挑战。在撰写此书的过程中，我深感自己既是一个学习者也是一个传播者。我深知自己的学识和能力有限，但我也坚信，只要我们共同努力，就一定能够推动高校心理咨询事业的发展，为大学生的健康成长贡献我们的力量。因此，我将此书视为自己多年学习与实践的一个总结，也视为与同行们交流与分享的一个平台。我期待着它能够引发更多关于高校心理咨询的深入讨论与研究，共同推动这一领域的进步与发展。

著 者

2024 年 5 月

# 目录

# 第一章 心理咨询概论

## 第一节 心理咨询概念

### 一、心理咨询的概念

多年以来，学者纷纷为心理咨询作出定义，其中最具影响力的是罗杰斯(1942)的说法：心理咨询是一个过程，其间咨询师与来访者的关系能给予后者一种安全感，使其可以从容地开放自己，甚至可以正视自己过去曾否定的经验，然后把那些经验融合于已经转变了的自己，作出统合。

哈恩与麦克莱恩(1955)指出心理咨询是一个出现在某种"一对一关系"中的过程，在这个关系中，其中一个人被难题所困扰，自己无法应对，故此需要另一位受过专业训练的人来协助他，好让他在面对种种困难时，能够找到解决的办法。史密斯(Smith)同样在1955年指出心理咨询是一个过程，咨询师在其中协助来访者对自己需要作的决定、计划和适应等种种有关的事实作出解释。

英格利希(1958)提出心理咨询是一个关系，在这个关系中，一个人努力去协助另一个人了解和解决个人的适应问题，而所谓适应范围则是包括教育咨询、就学咨询和有关社会与个体关系的咨询。

泰勒(1969)对心理咨询给出的定义是：心理咨询是一个过程，通过这个过程，咨询师可以协助来访者增强生活的适应能力；而且，咨询是发展性的，通过咨询，人的潜质和能力得以充分发展。

帕特森(1974)提出心理咨询是一个帮助人的过程，在这个过程中，两人所要建立的某种关系不但是必要的条件，而且那种关系是足够令人改变和成长的。同时，我们要知道咨询是为那些因缺乏良好的人际关系以至产生问题的人所进行的一种特别的治疗。

克朗伯兹(1976)提出咨询是一个帮助人处理困难的过程，而行为咨询就是一个帮助人去学习如何解决有关人际、情绪和抉择问题的过程。

英国出版的《精神病学词典》(1985)的定义为：心理咨询是一种征询和讨论的过程，其中供询者向求询者就一般的或特定的个人问题提供建议或辅导。

在我国学者中，也有不少关于心理咨询的定义。

朱智贤主编的《心理学大词典》(1989)对心理咨询的定义是：心理咨询师对心理失常的人，通过心理商谈的程序和方法，使其对自己与环境有一个正确的认识，以改变其态度与行为，并对社会生活有良好的适应。

张小乔(1993)认为，心理咨询是来访者就自身存在的心理不适或心理障碍，通过语言、文字等交流媒介，向有专业技能的咨询人员进行诉说、询问与商讨，在其支持和帮助下，通过共同的讨论找出心理问题的原因，分析问题的症结所在，进而寻求摆脱困境、解决问题的条件和对策，以便恢复心理平衡，提高对环境的适应能力，增进身心健康。

“咨询是通过人际关系，运用心理学方法，帮助来访者自强、自立的过程。”钱铭怡(1994)提出该定义。

李维主编的《心理学百科全书》(1995)中认为，心理咨询是对心理失常的人，通过心理商谈的程序和方法，使其对自己与环境有一个正确的认识，以改变其态度与行为，并对社会有良好的适应。

“心理咨询是运用有关心理科学的理论和方法，通过解决咨询对象的心理问题，来维护和增进心理健康，促进个性发展和潜能开发的过程。”马建青(1996)对心理咨询下此定义。

林孟平(2021)认为心理咨询是一个过程,在这个过程当中,一位受过专业训练的咨询师,致力于与来访者建立一个具有治疗功能的关系,来协助对方认识自己、接纳自己,进而欣赏自己,以使来访者可以克服成长的障碍,充分发挥个人的潜能,使人生有统合和丰富的发展,迈向自我实现。

## 二、对心理咨询的常见误解

**误解 1:心理咨询就是替人解决问题。**

来访者往往都是因为被问题困住多时、束手无策,才前来向心理咨询师寻求帮助。帮助来访者解决问题应是心理咨询的关键。但是否来访者就可以如此被动,坐等心理咨询师一一给出解决问题的良方,或是干脆就等咨询师解决问题呢?并非如此。事实上,心理咨询特别强调来访者的自助意愿和努力,也肯定来访者有足够的自助资源和潜能,而心理咨询师只不过充当了“助产士”的角色,不能替代来访者的“生产”过程。

**误解 2:心理咨询就是安慰、同情来访者,给来访者提供建议和忠告的过程。**

日常生活中,我们对面临困境的亲朋好友经常予以安慰、同情,进而提出忠告,在这当中也取得过不错的助人效果。但在心理咨询师看来,他们往往置助人者和被助者于不平等地位,不够尊重被助者,忽视了来访者的意愿和需要,有违心理咨询的宗旨和原则。

**误解 3:心理咨询就是说教、讲道理。**

心理咨询师往往有一定的专业、学历背景,受过专业的训练,这很容易让来访者期望找到他们人生的导师,认为他们承担有为来访者规划人生、指点迷津的职责,有些心理咨询师也自觉或不自觉地以此为荣、以此为责。但是,说教会置来访者于无知和无能的地位,其结果在彰显心理咨询师的优越感的同时会损伤来访者的自尊。此外,说教往往抽取的是片面的人生哲理或解决问题之道,并不必然符合来访者的具体需要和情境,也并不必然给来访者带来行为上的改变和行动的实施。

## 三、心理咨询的特征

帕特森曾经总结了心理咨询的几个特点，包括以下7个方面：

(1)咨询关注的是来访者主动和自愿的行为变化。

(2)咨询的目的是为来访者自主的行为变化提供条件。

(3)和其他所有关系一样，这种关系对来访者有一定限制。

(4)促使来访者行为变化的条件是通过会话的过程提供的。

(5)咨询过程中倾听是一个重要的部分，但是并非所有的倾听都是咨询。

(6)咨询师理解来访者。

(7)咨询是在私人的环境中进行的，讨论也是保密的。

美国出版的《哲学百科全书》一书中认为，咨询心理学应具备以下几种特征：

(1)主要着重于正常人。

(2)对人的一生提供有效的帮助。

(3)强调个人的力量与价值。

(4)强调认知因素，尤其是理性在选择中的作用。

(5)研究个人在制订总目标、计划及扮演社会角色方面的个性差异。

(6)充分考虑情境和环境因素，强调对环境资源的利用以及必要时改变环境。

综合各种心理咨询的定义以及之前学者们对心理咨询特征的总结，心理咨询的基本特征包括以下几个方面。

### (一)心理咨询的工作人员是受过心理咨询专业训练的专业人员

尽管亲朋好友的安慰支持可以暖心，让人去除困惑与烦恼，但不能说他们提供的是心理咨询服务。因为助人者没有接受过心理咨询的专业训练。成熟的心理咨询对从业人员的专业培训及资格认证作出了严格的规定，并借此将心理咨询工作纳入专业轨道与专业考量，由此也赢得了来访者的信赖，增强了来访者的主动性和合作性。

**(二)运用心理学的知识和技术帮助来访者是心理咨询区别于其他形式助人活动的一个主要方面**

基础心理学、发展心理学、社会心理学、测量心理学等各个理论学科为心理咨询中分析说明来访者的各种心理现象提供依据；认知心理学、行为主义心理学、人本主义心理学等理论流派为解释心理问题的原因提供了不同的思路或途径。心理咨询作为一种实践性很强的职业活动，有其系统的、较为成熟的实践操作技术。认知改变的技术、情绪调节的技术、行为改变的技术，精神分析疗法、现实疗法、来访者中心疗法等方法和技术各有其具体的操作要求和程序步骤。各种方法的整合运用是现代心理咨询发展的一个新趋势。

**(三)心理咨询关注心理问题或心理发展**

心理咨询的工作对象是来访者的心理问题，如焦虑、紧张等情绪障碍，强迫、成瘾等行为障碍，偏执、反社会等人格障碍，认准认知偏差不放等认知障碍等。尽管来访者所带来的问题往往并非纯粹的心理问题，它们经常与现实生活事件直接相连，可能涉及法律、政治、经济、思想和道德等诸多方面，但心理咨询师主要关注和处理的是来访者心理层面的问题，或者说是帮助来访者进行心理调整和心理适应。

心理咨询的目的是帮助来访者解决心理问题，或者促进来访者更好的心理发展。虽然通过心理咨询也可以帮助来访者解决某些具体问题，如作出某种决定、克服某种现实困难，但应该说具体问题的解决是心理问题得以解决的外在表现，是心理咨询的表面效果。来访者的一些问题不属于心理学的范围，也就不是心理咨询能解决的问题。如心理咨询师不可能帮助来访者找到一份满意的工作，不能为其升职加薪，不能解决法律问题、债务问题等。但心理咨询可以解决由这些现实问题引起的心理困惑，可以通过心理咨询让来访者更加满意现状或者积极改变现状。

**(四)心理咨询是助人的过程**

心理咨询的过程是咨询师向来访者提供帮助的过程。来访者寻求咨询的原因，往往是因为现实问题而产生了心理困惑，出现适应不良或难以应对其所面临的问题。在咨询师的帮助下，通过澄清问题、分析判断、指导建议等过程，来访者对自我及面临的问题会有更客观、更全面的认识，情绪得以改善，行为更加积极，人格更加完善。

**（五）心理咨询的根本目标在于来访者的自助**

心理咨询对人的帮助更加关注来访者解决问题能力的提升，是"授人以渔"而不是"授人以鱼"。帮助的过程是以来访者自身为核心，来访者是咨询的主体，是改变的主体，也是咨访关系的主体。在咨询师的帮助下，让来访者学会自己面对问题、解决问题，心理咨询的过程是一个"助人自助"的过程。心理咨询需要帮助来访者，但帮助本身不是目的，通过咨询师的帮助使来访者获得心理成长，使其即使在以后碰到类似问题时也能够自主抉择，这才是咨询的根本目的。

## 四、心理咨询相关概念辨析

**（一）心理咨询与心理治疗**

心理咨询与心理治疗是两个非常接近的概念。"心理治疗是针对情绪问题的一种治疗方法，由一位经过专门训练的人员以慎重细致的态度与来访者建立起一种业务性的联系，用以消除、矫正或缓和现有症状，调解异常行为方式，促进积极的人格成长和发展。"（L. R. Wolberg，1967）。"在心理治疗的过程中，一个人希望消除症状，或解决生活中出现的问题，或因寻求个人发展而进入一种含蓄的或明确的契约关系，以一种规定的方式与心理治疗家相互作用。"（《美国精神病学词汇表》，1978）。曾文星和徐静（1987）在其《心理治疗》一书中认为，心理治疗是指应用心理学的方法来治疗患者的心理问题。北京大学陈仲庚教授（1989）曾撰文认为，心理治疗和心理咨询没有本质区别，两者在工作关系的性质上，在改变和学习的过程上，在指导的理论上都是相似的，两者的区别是人为的，而非本质的。文中还从工作任务、对象和情景、工作方式、解决问题的性质和内容这 4 个方面分析了心理治疗和心理咨询的不同。李心天主编的《医学心理学》(1991)一书中指出，心理治疗是医务人员运用心理学的理论和技术，通过言语、表情、举止行为并结合其他特殊的手段来改变患者不正确的认知活动、情绪障碍和异常行为的一种治疗方法。

从以上心理治疗的定义中可以看出，与心理咨询一样，心理治疗也强调构建良好的治疗关系，强调心理治疗也是一个助人的过程，强调治疗者的专业性，强调工作对象及解决问题手段的心理性。正因如此，许多学者认为两者性质相同，几乎是同义词，并无区分的必要。但与此同时，也有许多学者认为在实践中两者还是有一些细微的差别。哈恩(1953)的一段话最能表明心理咨询与心理治疗之间可分又不可分的关系：

“就我所知，极少有咨询工作者和心理治疗家对于已有的对咨询与治疗之间的明确的区分感到满意……意见最一致的几点可能是：其一，咨询与心理治疗之间是不能完全区别开的；其二，咨询者的实践在心理治疗家看来是心理治疗；其三，心理治疗家的实践又被咨询者看作是咨询；其四，尽管如此，咨询与心理治疗还是不同的。”

综上，总结一下心理咨询与心理治疗的不同，大概有以下几个方面。

1. 工作对象不同

心理咨询一般针对在日常生活的适应或压力事件中出现的心理问题，问题的程度较轻，属于心理正常的范围。心理治疗主要针对具有心理障碍的人，这些心理障碍主要包括情绪障碍、行为障碍、人格障碍、神经症、心身疾病等等，帮助对象可以被称为患者或病人。近年来，越来越多的人使用来访者这一更加中性的词来称呼咨询者或治疗对象。

2. 专业人员背景不同

相比之下，心理咨询从业者的专业背景较为多样。在我国，以医学、心理学、教育学学历背景的人居多，所接受的专业培训时间较短。心理治疗的从业者大多是医学背景，尤其以精神科医生为主，所接受的专业培训时间较长，要求更高。心理咨询的工作环境多样，有学校、医院、监狱、企业、社会机构等,而心理治疗的工作环境主要为医院或独立成立的心理治疗机构。

3. 干预策略不同

在干预策略上,心理咨询重视支持性、指导性、发展性,强调来访者潜能和资源的发掘、利用及来访者的自助,耗时相对较短。心理治疗则重视治病,重视人格的重建和行为的矫正,耗时相对较长,可以从几次到几个月甚至几年。

**(二)心理咨询和心理辅导**

在学校的心理健康教育中,心理咨询与心理辅导经常被作为同义词使用,但细细体会仍有区别。

"辅导(counseling)是一个过程,在这个过程当中,一位受过专业训练的辅导员,致力于与来访者建立一个具有治疗功能的关系,来协助对方认识自己、接纳自己,进而欣赏自己,以致可以克服成长的障碍,充分发挥个人的潜能,使人生有统合并丰富的发展,迈向自我实现。"(林孟平,1988)

"辅导(guidance)是整个教育计划的一部分,它提供机会与特殊性服务,以便所有学生可以根据民主的原则,充分发挥其特殊能力与潜能。"(Mortensen & Schmuller,1976)

"辅导(guidance)是协助个人在教育与职业生涯中获得最大满足的方法。它包括使用晤谈、测验和资料收集,以协助个人有系统地计划其教育与职业的发展。它紧邻治疗,而且可能用到辅导咨商员(guidance counselor)。"(Chaplin,1985)

"辅导(guidance)乃是一种助人的历程或方法,由辅导人员根据某种信念,提供某些经验,以协助学生自我了解与充分发展。在教育体系中,它是一种思想(信念),是一种情操(精神),也是一种行动(服务)。"(吴武典,1990)

"辅导(guidance)是一种特殊的教育历程,旨在帮助个人自我了解、自我适应、自我发展与成长。"(吴增强,1998)

就以上有关辅导的定义(第一种辅导与咨询完全同义不论)可以看出,

辅导与咨询在助人关系、工作对象、工作目标、工作手段与方法方面大同小异，没有质的区别。只是辅导比咨询更加强调指导性、发展性与教育性，治疗性更加弱化。在对象上，辅导更加重视对大多数发展正常的个体，服务的手段、方法与范围更加宽广。

## 第二节　心理咨询的对象

### 一、心理咨询的对象

国际心理学联合会在1984年编著的《心理学百科全书》一书中提出，心理咨询的对象是在应对日常生活中的压力和任务方面需要帮助的正常人，从这样的理解出发，结合心理咨询工作实际，心理咨询的对象应该包括：

(1)精神正常，但遇到了与心理有关的现实成长性问题并请求帮助的人群。

(2)精神正常，但心理健康出现问题并请求帮助的人群。

(3)特殊对象，即临床治疗康复中或治愈后的精神疾病患者。

同时，必须具备以下的基础：

(1)具有一定的智力基础。来访者能够清楚地叙述自己的问题，具备基本的认知能力。

(2)人格基本健全。人格是个体已经定型化的行为习惯系统。人格一旦形成，改变的程度有限。如果来访者存在严重的人格障碍，心理咨询通常在短期内难以达到应有的效果。

(3)咨询动机合理。如果来访者缺乏自我改变的动机，而是希望别人改变，或者求助动机超过了心理咨询的工作范围，均不适合进行心理咨询。

(4)有一定的沟通交流能力。沟通交流是心理咨询的基本形式。如果来访者缺乏进行交流沟通的能力，则难以启动和维持咨询过程。

(5)对咨询有一定的信任度。没有一定的信任度，咨访关系难以启动，来访者也难以受到心理咨询师的影响,很可能导致咨询启动困难或过早中断。

## 二、高校心理咨询的对象

学生处于心理成长的过程中,存在各种心理问题。学校心理咨询就是对在校学生的学习、适应、发展、择业等问题给予指导和帮助,并对学生的各种心理障碍进行判断和转介的过程。我国在2000年以后逐渐普及学校心理咨询,各高校和中小学普遍建立了心理咨询室,配备了专职咨询教师。

大学阶段是从学生身份到社会人的过渡时期。大学以前是以高考为目标的较为单纯的学习生活,大学毕业后则进入社会,面临复杂的社会环境和工作要求。在这个时期,学习依然是大学生的主要任务,同时,培养能力、训练技能、完善自我、了解和适应社会也是大学生发展的目标和任务。在多元化的要求之下,一些大学生会觉得茫然不知所措,另一些大学生多面发展,又常常顾此失彼,难以兼顾。大学生处于青年中期,人格日趋稳定,心理较为成熟,具备了一定的耐受打击、挫折的能力。但同时心理稳定性还不够,认识、判断力不足,社会经验欠缺,在复杂的人际交往和社会生活中容易出现心理困惑。

大学生常见的咨询问题包括以下7个方面。

(1)环境适应问题。在大一新生中较为常见。

(2)学习问题。大学生常见的学习问题主要表现为:学习目的问题、学习动力问题、学习方法问题、学习态度问题等。大学期间,学习目的不明确、动力不足、学习方法不佳、学习效率不高等构成了学习问题的主要方面。

(3)人际关系问题。如何与周围的同学友好相处,建立和谐的人际关系,是大学生面临的一个重要课题。同高中阶段相比,大学生对人际关系问题的关注程度可能超过了学习,也成为大学生心理困扰的主要来源之一。人际关系问题常常表现为难以和别人愉快相处,没有知心朋友,缺乏必要的交往技巧,过分委曲求全等,以及由此而引起的孤单、苦闷、缺少支持和关爱等痛苦感受。

(4)恋爱与性心理问题。大学生处于青年中后期,性发育成熟是其重要特征,恋爱与性问题是不可避免的。一般包括单相思、恋爱受挫、恋爱与学业关系问题、情感破裂的报复心理等,而性心理问题常见的有婚前性行为、校园同居等问题引起的恐惧、焦虑、担忧等。

(5)性格与情绪问题。性格其形成与成长经历有关,原因较为复杂。问题主要表现为自卑、怯懦、依赖、偏激、敌对、孤僻、抑郁等。

(6)求职与择业问题,是高年级大学生常见问题。在跨入社会时,他们往往感到很多的困惑和担忧。如何选择自己的职业,如何规划自己的职业生涯,求职需要什么样的技巧等问题,都会或多或少带来困扰和忧虑。

(7)神经症问题。如睡眠障碍、焦虑、抑郁、强迫、疑病、恐怖等都是神经症的临床表现症状。

## 第三节 心理咨询的原则

马建青(1992)在其《辅导人生——心理咨询学》一书里,提出了心理咨询的6条原则:开发潜力原则、咨访结合原则、综合性原则、灵活性原则、矫正与发展相结合原则及对咨客负责原则。除此之外,其他书籍里对咨询原则的提法还有主体原则、时间限定原则、感情限定原则、态度中立原则、来者不拒去者不追原则、真诚原则、尊重原则、理解原则、差异原则、重大决定延期原则等。

参考前人学者的研究,本书总结心理咨询的原则包括:

### 一、价值中立原则

价值中立要求咨询师在心理咨询过程中保持中立的立场,尊重来访者的价值观念体系,对来访者表现出的价值观念或行为举止,不做道德性的评价。价值中立是不用某种价值观念要求和教育来访者,但并不是咨询中就没有价值观念的影响。毫无疑问,任何人的言谈举止都会受其价值观念的影响，咨询师也不能例外。初做咨询的咨询师可能难以排除内心对不同价值观念的排斥和厌恶，但在咨询中要尽量不表现出来，不要直接评价来访者。有经验的咨询师则可以做到对各种价值观念都能接纳，从内心不排斥，咨询中对来访者更有亲和力。

虽然咨询的过程是价值中立的，但咨询的结果却改变了来访者的某些不良价值观念，咨询的过程其实还是有价值导向的。但应该明确的是，价值观的改变是来访者主动选择的结果，而不是咨询师教育引导的结果。

## 二、保密原则

保密原则是咨询师和咨询机构要对在咨询中获得的来访者个人资料保密。保密的范围包括咨询记录、测评结果、咨询中提到的隐私与非隐私的内容，以及来访者曾来咨询过的事实。咨询师不能将从咨询中获得的信息散布给他人，如需要进行督导或案例讨论，应隐去来访者的个人信息。如果案例资料要用于教学、研究、出版或其他方面，除了应隐去来访者的个人信息外，还需提前征得来访者的同意。

保密例外有两种情况：第一种，根据咨询的需要，心理咨询师可以将来访者的一些信息透露给他人。如来访者进行行为改变需要其家人进行监督时，咨询师可以告知家人来访者的问题及需要配合的事项；来访者的问题需要请假或者需要老师、同学帮助解决时，情侣矛盾或者其他人际矛盾需要矛盾的另一方参与咨询过程时，咨询师都可以将来访者信息告诉相关人员。但必须注意的是，在将来访者信息透露给他人之前必须告知他人参与咨询的必要性，并征得来访者的同意。第二种，不管来访者是否愿意，咨询师都必须将咨询中的某些内容告知相关人员。当来访者有自杀、自伤倾向，或有伤害他人、危害公共安全的倾向时，咨询师应该报告来访者的管理人或监护人，或报告公安机关，以防止伤害事件的发生。

## 三、非指导性原则

助人自助是在咨询中帮助来访者自己帮助自己，是“授人以渔”，而非

"授人以鱼"。心理咨询师是一个帮助者的角色，不是问题的承担者，更不是问题的解决者。很多来访者希望咨询师能够给其应对问题的具体建议，帮助其走出现实的某种困境，但实际上，解决具体问题并不是咨询的目的，让来访者掌握分析问题、解决问题的思路和方法，才能从根本上解决问题。

## 四、平等和尊重原则

尊重来访者的需求和选择权利，允许来访者选择继续或中止咨询。对于因咨询而需要了解的情况，应尽量坦诚、客观地说明原因，寻求理解与合作，不得以心理咨询师的主观想法强求来访者；热情、耐心、尊重、信任地接待来访者，营造亲切、自然的咨询气氛。心理咨询的效果如何，不仅取决于咨询者专业水平的高低，更重要的是取决于咨访关系，心理咨询师对来访者要诚恳、耐心、热情、平等相待。对所有的来访者应一视同仁，不应主观偏颇，并依先后顺序，予以接待。态度要和蔼，服务要热忱。但对问题情况较重，如发生较急的心理危机，在对当前来访者予以解释后，优先接待。

## 五、限定性原则

限定性原则是指在心理咨询中的咨询内容、咨询关系、咨询时间等方面应该有所限制，以确保咨询过程是职业性的，对来访者有所帮助的。咨询中的限定性原则主要包括以下几个方面。

1. 职责限定原则

心理咨询师的职责是帮助来访者解决心理问题，是帮助而不是直接去解决。解决问题的主要责任是来访者本人，咨询师可以起到协助分析、解释、指导、训练等作用，但所有这些都是经过来访者去实现的。心理咨询师的职责是解决心理问题，而不是其他问题。咨询师不介入、不解决来访者生活中的具体问题，咨询中可以分析具体问题产生的原因，分析问题对来访者心态的影响，帮助来访者提高解决问题的能力，而不是直接去解决具体问题。

2. 感情限定的原则

咨访关系的确立和咨询工作的顺利开展的关键，是咨询者和来访者心理的沟通和接近，但这也是有限度的。来自来访者的劝诱和要求，即便是好意的，在终止咨询之前也应该予以拒绝。两人间接触过密，不仅容易使来访者过于了解咨询者内心世界和私生活，阻碍来访者的自我表现，也容易使心理咨询师该说的不能说，从而失去客观、公正地判断事物的能力。

3. 时间限定原则

一般咨询的时间是每次 50 分钟，每周一次，根据问题的性质和程度，可以持续多次咨询。在问题紧迫或来访者认为有必要，咨询初期可以一周两次。每次 50 分钟的限制可以防止咨询内容太多，让咨询师和来访者不容易记忆和理解，也可以避免因时间长而感到疲劳。时间一到，咨询就应该结束。是否遵守时间设置甚至可以看做是咨询是否专业的标志。

## 第四节　心理咨询的态度

### 一、尊重

尊重就是心理咨询师在价值、尊严、人格等方面与来访者平等，把来访者作为有思想感情、内心体验、生活追求和独特性与自主性的活生生的一个人去看待。咨询师的尊重可以给来访者创造一个安全、温暖的氛围，使其敞开心扉，最大限度地表达自己，也使咨询师可以整体把握、接纳来访者的内心世界。尊重可以使来访者感到自己是受尊重、被理解的、被接纳的，从而获得自我价值感。在这个过程中，来访者可能会因为咨询师的尊重而对咨询师产生信任感、强化咨询动机、端正咨询态度，增加咨询的主动性、自觉性等。尊重也可以激发来访者的自尊心和自信心，开发来访者的潜能，使之具有自我改变的力量。所以，尊重既是建立良好咨询关系的基础，也是建立良好咨询关系的重要内容。

如何恰如其分地表达对来访者的尊重呢?

1.尊重就是要求咨询师对来访者的无条件接纳

尊重的核心和本质是心理咨询师对来访者的接纳,既接受来访者积极、光明、正确的一面,也要接受其消极、阴暗、错误的一面;既接纳和咨询师相同的一面,也要接纳和自己完全不同的方面。总之,不是咨询师欣赏或喜欢来访者的某些内容,也不是咨询师讨厌或仇恨来访者的某些内容,而是保持态度的中立,只是咨询师知道了来访者的某些内容。对于来访者的一切,咨询师都应该表现出接纳。

2.尊重就是要求咨询师平等对待来访者

这体现在心理咨询师与来访者在价值、尊严、人格等方面的平等。咨询师应该主动忽略与来访者在年龄、相貌、个性、信仰、价值观、民族、文化水平、金钱、地位、心理健康程度等方面的差异,不因差异而批评、指责来访者,不因自己的喜恶厚此薄彼。

3.尊重就是要求咨询师礼貌对待来访者

心理咨询师的工作是帮助来访者解决心理问题,因此双方建立起平等、信任的关系是非常重要的,而礼貌则有助于建立这种关系。礼貌是一种姿态,无论面对的来访者怎么样,咨询师都应该以礼相待。

4.尊重就是要求咨询师信任来访者

心理咨询师与来访者建立信任的关系非常重要,信任是尊重的基础与前提。相信来访者有解决心理问题、改变自我的主观愿望,相信来访者需要解决自身的问题,并有能力通过自身的努力,进行自我调节、自我发展,最终解决自身的心理问题。咨询师只有对来访者信任,才能尊重来访者,才能全身心地帮助来访者解决心理问题。

5.尊重就是要求咨询师保护来访者隐私

在咨询的过程中难免会涉及来访者的隐私,咨询师对来访者的尊重就体现在对来访者的隐私进行接纳和保护,不做任何评价,也不随意传播。

6.尊重就是要求咨询师真诚对待来访者

尊重应体现在咨询师对来访者的真诚上，应该怀着真诚的心、真诚的情感、真诚的态度对待来访者。真诚应该体现在咨询师根据咨询关系的建立情况，表明自己的观点、态度、意见等。

## 二、真诚

心理咨询师在与来访者构建良好咨询关系中，真诚是一个非常重要的因素。真诚不是简单的不虚伪、毫不掩饰、不说假话，更多是指咨询师在咨询过程和态度上对于来访者而言，是出于真实诚恳的表达。

(1)真诚不等于实话实说。作为咨询师需要认识到真诚与实话实说既有联系又不能等同的关系。因此，在咨询中咨询师不能想说什么就说什么，应该始终遵循既对来访者负责，又有利于来访者成长的原则。一些可能会伤害到来访者或者破坏咨询关系的话，虽不能实话实说，但应该真诚表达，选择容易被来访者接受的方式传达观点继而促使来访者深入思考最终达到咨询的目的。反之，不认同来访者的观念，一味地去贴标签、过分批评指责、绝对刻板的印象，言语情绪激烈等表现，不但会给来访者带来再次伤害，使咨询关系破裂，也可能使来访者不再信任心理咨询，将其与伪科学画上等号。

(2)真诚主要体现在咨询态度上。真诚不能脱离事实，必须建立在实事求是的基础上，否则一切虚构的终经不起推敲，俗话说“地基不牢，地动山摇”。不真实的咨询可能会掩盖真实的问题，可能会误导来访者再次产生错误的认知，可能会对来访者造成不可磨灭的创伤。有些时候咨询师坦诚自己的不足也可能会收获来访者的信任，一切都是基于真诚的前提。

(3)真诚体现在咨询师不喧宾夺主。表达真诚要适度，虽然真诚是构建良好咨询关系的一个重要因素，但不是表达得越多越好。相反，过度的热情和真诚可能会让来访者怀疑咨询师的动机，尤其是咨询早期。此时，真诚地表达更多的是体现在耐心倾听而非急于表达观点和建议。

(4)真诚除了体现在语言上，还体现在非语言交流上。如倾听、关注、谦和的肢体姿态，真诚的目光、平和的声音等。

## 三、共情

共情，也称为“神入”“同理心”，是由人本主义创始人罗杰斯所阐述的概念，却越来越多地被各种疗法所采用。在对共情的理解和应用上，各种疗法的观点逐步趋于一致。

关于共情指的是一种能深入他人内心世界，了解其感受的能力。共情就是“关怀一个人，必须能够了解他及他的世界，就好像我就是他，我必须能够好像用他的眼睛去看他的世界及他自己一样，而不能把他看成物品一样，从外面去审核、观察，咨询师必须能与他同在他的世界里，并进入他的世界，从内部去体认他的生活方式，及他的目标与方向。”

罗杰斯对共情的解释是“咨询师能够正确地了解来访者内在的主观世界，并且能将有意义的讯息传达给来访者。明了或察觉到来访者蕴含着的个人意义的世界，就好像是你自己的世界，但是没有丧失这‘好像’的特质。”它包括 3 个方面的含义：①咨询师借助来访者的言行，深入对方内心去体验他的情感、思维；②咨询师借助知识和经验，把握来访者的体验与他的经历和人格之间的联系，更好地理解问题的实质；③咨询师运用咨询技巧，把自己的共情传达给对方，以影响对方并取得反馈。

共情有利于咨询师与来访者建立并发展咨询关系，能够促进信任与相互理解，并在此基础上，帮助来访者主动去寻找内心的症结，加深自我理解，为咨询师后续将要进行的心理咨询解释做好准备。

共情分为两个水平，即初级共情和高级共情。初级共情只是说出了来访者的感受；而高级共情则是指咨询师能够深入地体会到来访者内心的各种情感，能够理解他的痛苦来源，他内在的动机、目的、态度和愿望等。

(1)共情是在关心、关注、理解来访者的基础上所开展的工作。共情要力求准确，这需要咨询师放下自己的假设和先入为主的主见，真正地去关心来访者，以来访者为中心，对来访者多加倾听，设身处地地去感受来访者，为来访者着想，只有这样才能尽量做到共情回应的正确性。如果实在没有把握，可以使用“大概”“可能”“或许”这样的词语。

(2)共情时咨询师视角需要转变，务必要从来访者的角度，而不是自己的角度看待来访者及其存在的问题。

(3)共情的基础不是有与来访者相似的经历和感受,而是要设身处地地理解来访者及其问题。

(4)表达共情不能一视同仁,而是因人、因事而异,视情而定。

(5)表达共情应把握时机,共情应该适度,才能恰到好处。

(6)表达共情要善于实现咨询师与来访者之间的角色转换。

(7)表达共情还应善于使用躯体语言,注重姿势、目光、声音、语调等表达。

(8)表达共情应考虑来访者性别、年龄、文化习俗等特征。

(9)咨询师应不断验证是否共情,得到反馈后要及时修正。

## 四、热情

在心理咨询中,心理咨询师既要表现出接纳来访者、平等交流、帮助来访者解决心理问题的理性部分,也应该表现出热情助人的浓厚感情色彩。热情应该是心理咨询师助人愿望的真诚流露。热情应该体现在咨询的整个过程中,心理咨询师热情、耐心、周到细致的态度能使来访者感受到咨询师的关心、温暖,感到自己得到了最友好的接待。

1.在初始咨询阶段打好热情的基础

来访者在初始咨询阶段可能抱有非常复杂的心态,大多数来访者可能对心理咨询似懂非懂,既迫切希望得到帮助,希望咨询是有效的,咨询师是出色的;又担心咨询师的态度,是否会批评、指责自己,还怀疑其帮助自己的能力等。因此,来访者可能表现出不安、疑惑、紧张、犹豫等,心理咨询师的热情、友好、温暖等态度等可以有效地消除来访者的不安与紧张,可以使来访者感受到自己是被接纳、受欢迎的。

在初始咨询阶段,咨询师可以关切而简单地询问来访者以前是否进行过心理咨询,是否了解心理咨询,是否需要介绍心理咨询是怎么回事等,这些充满热情、关切的询问会使来访者感受到咨询师的热情、温暖和可亲,有利于良好咨询的开始。但开场白一般应以几分钟为宜,时间久了,可能会使来访者觉得咨询师并不关心他(她)来咨询室的目的,也可能会使一些急于解决问题的来访者认为咨询师故意耽误时间，产生紧张感。

2. 通过倾听和非言语行为，表达热情

在心理咨询过程中，咨询师应适度地运用倾听技巧，对来访者表现出最大程度的倾听，这本身就是对来访者的热情。同时，也要关注来访者非言语行为的表达，目光关注来访者，面部表情、身体姿势等都表达出对来访者的关心和热情。咨询师的热情可以大大激发来访者的合作愿望，而对有些来访者而言，咨询师的热情本身就具有助人的效果。咨询过程中，咨询师应非常认真，一旦漫不经心或随意打断来访者的话语可能使来访者感到咨询师对自己缺乏热情，可能因此失望和不满。

3. 咨询中认真、耐心、不厌其烦，是热情的最好表达方式

咨询中有些来访者可能与咨询师存在明显的价值冲突，或在生活方式、态度上明显不同，甚至引起咨询师的厌烦等情绪；有些来访者可能缺乏逻辑性，在表达上思路不清，语无伦次；有些可能文化水平较低，让咨询师不知所云；有些可能过于紧张，前言不搭后语；有些可能心存顾虑，顾左右而言他。凡此种种都让咨询师难以清楚地理解来访者。面对来访者的种种情况，咨询师都应该表达出对来访者的热情、耐心、不厌其烦。不把自己的价值观、生活方式和生活态度强加给来访者。具体表现是咨询师应根据来访者难以表达的原因，循循善诱，耐心细致地梳理。如果来访者缺乏逻辑性，咨询师应善于整理归纳，帮助来访者建立理性逻辑；如果来访者文化水平低，咨询师可以帮助来访者叙述，主动澄清心理问题的表现、原因过程等；如果来访者过于紧张，咨询师可以重新阐述保密原则，说明心理咨询是帮助来访者的，来安抚来访者的情绪，促使来访者进行表达；如果来访者摸不着头绪，不知该讲什么或不该讲什么，先讲什么或后讲什么，咨询师可以多启发，适当多提一些问题，指出明确的谈话方向和范围。如果来访者主次不清，表达杂乱，咨询师应耐心倾听，从中归纳、总结出问题重点和一般问题，帮助发现关键所在。

对来访者任何的表达内容，咨询师都应接纳，对来访者诉说的符合咨询目标的内容，咨询师应予以肯定或鼓励，对没有实际意义的内容不能漫不经心，也不能厌烦，尤其应该注意不能批评来访者。在对来访者进行心理帮助

的过程中,来访者可能出现反复,有些原本已经改变的认知、行为或情绪等也可能会回到原来的样子。此时,咨询师不应批评、指责来访者,尤其应该热情、耐心,不厌其烦地帮助来访者。在对来访者进行启发、引导,并进行指导、解释和训练时,来访者可能似懂非懂,也可能接受、改变得较慢,甚至反复,咨询师更应表现出热情和耐心。

4.咨询结束时,使来访者感到温暖

在每次咨询结束时,咨询师应该感谢来访者的密切配合,可以通过咨询小结、布置作业、告知注意事项、对来访者适当鼓励,促使来访者回去后继续进行自我探索和改变,以巩固咨询效果。咨询师可以热情地询问何时进行下次咨询,使来访者感受到他(她)是受欢迎的,从而促成对咨询的期待。热情是建立良好咨询关系的重要内容,也是心理咨询师的必备素质,热情是咨询师真情实感的表达。只有对来访者充满热情、爱心和关切,才能在咨询中体现出最大的热情和温暖,才能推动咨询向前发展,实现帮助来访者解决心理问题的目的。缺乏热情的咨询,必然使心理咨询工作变成模式化的公事公办,既不能帮助来访者解决心理问题,也不能体现咨询的效果,甚至还会给来访者造成伤害。

## 五、积极关注

所谓积极关注,就是咨询师对来访者言语和行为的积极、光明,正性的方面予以关注,从而使来访者拥有积极的价值观,拥有改变自己的内在动力,通俗地说,积极关注就是辩证、客观地看待来访者。积极关注不仅有助于建立良好的咨询关系,促进沟通,而且本身就具有咨询效果。尤其是对那些自卑感强或因面临挫折而“一叶障目,不见泰山”者,咨询师的积极关注往往能帮助他们深化自我认识,全面、客观、准确地认识自己的内部和外部世界,并看到自己的长处、光明面和对未来的希望,从而树立起信心,激发其前进的内在动力,帮助来访者挖掘自身的潜能,促进其向咨询目标前进。

1.积极关注就是辩证、客观地看待来访者

来访者往往带着自己扭曲的认知、消极的行为模式、负性的情绪等前来咨询,咨询师也许不需要做额外的工作就很容易观察、体验到来访者消极、阴暗、负性的一面，而来访者积极、光明、正性的一面，往往需要咨询师挖掘。例如一位因为失恋的女性来访者坐在咨询室中呜呜地哭，认为自己非常不幸，不停地抱怨自己倒霉，情绪非常低落。哭是负性情绪的宣泄；抱怨是消极行为模式的表现。这些消极、阴暗、负性的一面显而易见，但即使如此，毋庸置疑的是来访者还有积极、光明、正性的一面。来访者不是被咨询师请来的，表明来访者有察觉自己问题的能力，有改变自己现状的愿望，想解决自身存在的问题，这些都是积极、光明、正性的。初学咨询师可能难以觉察这些，需要在咨询中去实践，学会辩证、客观地看待来访者及其存在的问题。

2.积极关注就是帮助来访者辩证、客观地看待自己

有些来访者因受认知能力的制约，缺乏对自我的深刻认识；有些来访者因为生活态度消极，忽略了对自我的积极认识；有些来访者由于选择性注意，影响了对自我的全面认识，这些都造成了来访者只看到自己存在的问题、失败、缺点和不足等，并把它们放大，深陷其中而难以自拔，看不见自己的优点和长处。积极关注就是咨询师帮助来访者深化对自我的认识，从只注意失败、缺点和不足转移到客观、全面、准确地认识自己，帮助来访者挖掘自身积极、光明、正性的内容，发现自己的优点、长处和所拥有的资源。

3.避免盲目乐观

咨询师对来访者的基本态度应该是乐观的，积极关注来访者。但有些咨询师片面理解了积极关注的含义，表现出对来访者的盲目乐观。做好积极关注，咨询师不应泛泛而谈，而应针对来访者的实际问题，客观地引导来访者认识、分析其现有的不足，同时帮助来访者深化认识，认识到其拥有的资源。

4.反对过度消极

与盲目乐观相反，有些咨询师则是走向另一个极端。咨询的本质是给来访者以支持、鼓励和帮助，促使来访者从困境中崛起，走出迷茫的泥潭，减轻或消除痛苦。因此，咨询师应始终立足于给来访者以光明、希望与力量，这就是积极关注的实质。面对来访者的问题、失败、缺点与不足等，咨询师的反应不能是纯自然的、纯客观的，应符合咨询的原则，应对来访者负责，应

促进咨询有效地进行。

5. 立足实事求是

积极关注应建立在来访者客观实际的基础上，不能无中生有，否则来访者会觉得咨询师是在用虚假的言论安慰自己，是咨询师无能的表现，这样的积极关注可能会适得其反。咨询中无论遇到哪类来访者，无论来访者有什么样的心理问题，咨询师都应善于发掘来访者身上的闪光点，咨询师不但要关注到来访者的潜力和价值，还应该帮助来访者多关注自己积极、光明、正性的方面，这些正是建立来访者乐观态度的基础。促进来访者自我发现与潜能开发，达到心理健康的全面发展，也是咨询的最高目标。咨询师应把积极关注贯穿于整个咨询过程。

## 第五节　心理咨询的过程和形式

### 一、心理咨询的过程

很多人误将心理咨询简单理解为来访者提出问题和心理咨询师为来访者解决问题的过程，事实上咨询是双方互动的一个过程，它大致包括 6 个阶段：建立关系、评估问题、商定目标、制定方案、实施方案、结束咨询。

#### (一)建立关系

美国前咨询心理协会主席 Loretta Bradley(2003)对关系心理咨询能否成功的四个因素作了研究，她列出的四个因素分别为：咨访关系、来访者所拥有的支持系统、来访者想改变的愿望以及咨询技巧。她认为咨访关系是最重要的。她曾论述“影响心理咨询效果的四大因素”：咨访关系占 40%，支持系统占 30%，改变愿望占 15%，咨询技巧占 15%。

良好的咨访关系是心理咨询过程得以顺利实施、发挥效用的基础，也是促使来访者产生心理变化不可缺少的条件，良好的咨访关系本身就具有治疗的功效。良好的咨访关系使来访者产生积极的情绪体验，有利于提高来访者的自尊心和自信心，有助于促进来访者的模仿和认同，有利于增进咨访双方的情感交流和信息沟通。

不论哪种咨询理论，都非常重视咨询关系的作用，作为心理咨询的核心，咨询关系在各个理论流派的咨询中有着不同的理解。这种理解融合了不同理论对咨询过程的认识以及对咨询关系作用的注解。

精神分析理论认为咨询关系的重要作用在于能够让来访者强烈而始终如一地展示移情反应。在弗洛伊德的临床实践中，发现患者常常会对咨询师有强烈的情绪反应，主要包括钦佩、性吸引、生气和仇恨。他认为这些感情不是来自治疗本身，而是来自来访者没有解决的童年冲突和情感需要，这种现象被称为移情。弗洛伊德认为，移情可以作为打开精神生活中最为隐秘部分的最好工具，咨询过程中咨询师的任务之一就是要创造一种安全的、具有包容性的环境，以便让来访者可以从语言和行动上表达自己最痛苦和破坏性的情感。

行为主义和认知疗法认为，咨询的主要目标是通过结构性的训练和干预，帮助个体改变其在环境中的行为表现，认为咨询关系对于咨询效果的出现是必要的，但并不认为咨询关系是咨询和治疗过程的核心。在咨询过程中，咨询师与来访者的关系就像教练或老师与学生的关系，教练不仅要示范某种操作和技巧，而且要采用强化、鼓励的方式表扬成就，激发改变动机，或者以思辨、试验等方式挑战来访者原有的观念和认知模式。对咨询关系的作用更看重来访者与咨询师的合作，咨询师和来访者一起发现问题并解决问题。

人本主义心理学对咨询关系强调一种能够让来访者自如表现和发现自我潜能的氛围。卡尔·罗杰斯强调心理咨询的必要充分条件就是让来访者感受到咨询师提供了高度的接纳、理解和共情，在咨询过程中咨询师要能够真诚地对待来访者，站在来访者的位置体会和思考其面临的问题，并引导来访者进行自我探索。在咨询过程中，能够没有被限定的、自由充分地进行体验和思考，表达对来访者的关注和爱，使来访者在温暖的咨询氛围中得以自我成长。

**(二)评估问题**

评估问题作为整个干预计划的基础,是指心理咨询师通过诸如观察、访谈、个案调查、问卷测验等方式来收集来访者的信息,并运用分析、推论、假设等方法对其心理问题的基本性质加以判定的过程。目前在精神医学及心理治疗中,应用最广泛的问题分类系统是《精神疾病诊断和统计手册(第5版)》(DSM-V)和《中国精神障碍分类与诊断标准(第3版)》(CCMD-3)。大学生心理咨询以发展性咨询为主,咨询问题多为成长与发展过程中的困惑,根据其问题的内容和性质通常可分为行为问题、情感问题和认知问题三种。对于少数的障碍性咨询,心理咨询师应依据DSM-V和CCMD-3进行分析和评估。

以下就是几个不同的咨询评估重点。

1.重要资料

(1)来访者为什么在此时需要咨询?是否有突发事件?是否处于危急情况?是否要马上采取紧急行动?

(2)是什么环境因素促使来访者来寻求咨询?

(3)来访者提出求助的问题是什么?

(4)来访者的期望是什么?是否适当?

(5)来访者有没有好的“支持系统”?家庭、朋友、学校及社区可以给他提供什么支持?

(6)来访者的工作或学业情况如何?

(7)来访者的家庭状况如何?

2.重要观察

(1)来访者的衣着、打扮与行动:仪容举止是否正常?衣饰鞋袜是否整洁,是否符合身份?

(2)来访者的情绪状况:神态是否自然?有没有特殊、强烈的情绪出现,如激愤、仇恨、悲痛、消极、无助、绝望、内疚、悔恨、自责等？是否有任何自杀倾向？

(3)说话的内容，应留意下列各项：①说话的多少；②是否自然；③是否清晰；④是否有次序和有连贯性；⑤是否前后一致，抑或互相矛盾；⑥速度是否太快抑或太慢；⑦内容是简洁抑或详尽；⑧说话时话语的内容与内心的感受是否协调一致？

(4)来访者是否可以感受到咨询师对他的关心？是否信任这种咨询关系？或者有没有任何顾虑？

(5)来访者与自己是否已逐渐建立并维持一个具有咨询性的关系？若没有，如何可以积极改善？

3.重要的探讨

(1)来访者的人际关系如何？当他不能和别人相处时，他如何处理的？是积极地改善抑或消极地逃避？

(2)在什么事情上来访者认为自己是杰出和有价值的？他认为自己在哪方面有成就？

(3)来访者是否对某些事情感到后悔、歉疚或伤痛？若有这样的情形，那些事情与他当前的困难关系如何？

(4)整体上，来访者如何看待自己？

(5)来访者的理想和所期望达成的目标是什么？终极目标是什么？中间目标是什么？直接目标又是什么？

(6)来访者的理想和目标是否适当？是否客观可行？

(7)他计划如何实现自己的理想？计划是否适当和是否实际？有什么阻力？有什么助力？当前最需要去除的阻力和可利用的助力是什么？

(8)来访者有没有适当健康的“支持系统”？家人、同学、朋友和社区可以给他提供些什么支持和帮助呢？

(9)来访者所提出的求助问题，是不是真正的问题？如果不是，那真正要面对和处理的问题又是什么？

(10)来访者本身最大的弱点是什么？如何改善？存在的弱点与当前的困难有什么关系？

(11)来访者身上最大的资源和力量是什么？如何善加利用？

(12)在咨询过程中，来访者对曾探讨的问题看法如何？

4.要快速作出决定

(1)来访者是否处于危机中？若是，应采取的步骤是什么？

(2)咨询师衡量本身的能力和时间，是否适合处理来访者当前的问题？

(3)是否有转介的必要？若是，转介的对象是谁？

(4)是否能达到预期的目的？原因是什么？

5.其他事项

(1)咨询师本身对来访者问题的看法和初步结论。

(2)列举在面谈中有疑问而需要日后澄清的地方。

(3)核对本次的面谈是否能达到预期的目标，有没有与目标相违背或离题太远的情况出现。

(4)若达不到预期的目标，原因是什么？长远目标是否有修改的必要？

(5)评核咨询师自身与来访者建立的关系，是否能够产生具有治疗性的功能？原因是什么？

(6)咨询师进行个人的省察，看看自己在咨询过程中的个人感受和反应，有没有值得留意和改善的地方。

(7)在省察的过程中，咨询师也要就咨询个案的成效和自己的心理状态，看看有没有反映或出现“职业倦怠”的危机？个人的“职业倦怠”是否影响了咨询的效果？应该如何处理？

**(三)商定目标**

咨询目标为咨询提供方向，引导咨询过程。任何活动，只有根据目标才能确定其有无价值。咨询双方在咨询过程中要进行哪些活动，需根据咨询所追求的目标来定，否则，咨询就会漫无目的。在咨询进行的过程中，需要保持对咨询进展的监控,这种监控是以评判目标达成情况为依据的;督促双方积极投入咨询,对来访者有积极影响。同来访者谈论、讨论咨询目标有助于调动来访者的积极性,唤起其获助期望,而来访者是否对改善有信心,是否有参与咨询的积极性,是影响咨询成败的重要因素,对咨询师有积极影响。许多咨询师都有这样的体会,在不知道努力的方向时,双方往往有焦虑。一旦明确目标,咨询师就有了方向。

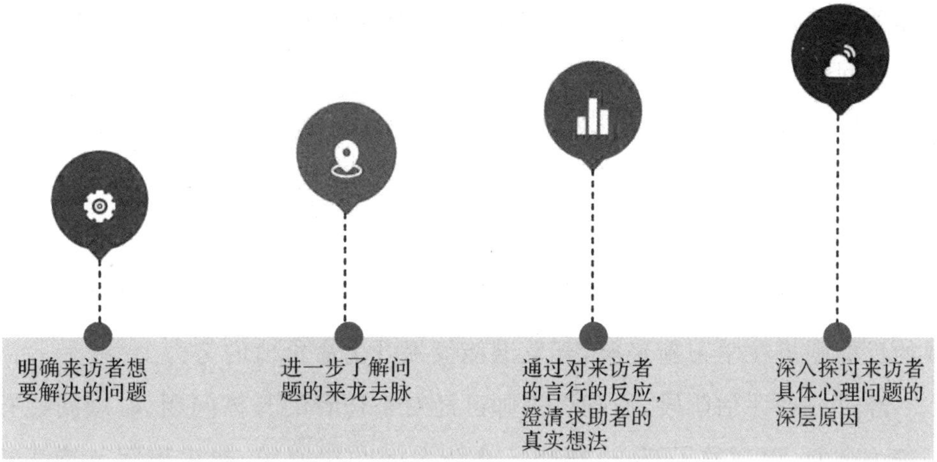


咨询的过程有以下几个步骤。

1. 一般目标与个别目标

一般目标是指某一流派或者某一流派的治疗家所持的、被认为适用于所有来访者的目标。个别目标是指针对某位特定的来访者所确定的目标。简单来说,就是一般目标的具体化。

2. 终极目标和阶段性目标

终极目标是根据健全人格的标准而定的:对自己的态度——有意识地对自身进行适当的探索;自我概念的现实性;接受自我,能现实评价自己的长处和短处;心理认同感的明确性和稳定性。成长、发展或者自我实现的方式及维度——实现自己各种能力及才干的动机水平。

实现终极目标(如关心他人、工作、理想、兴趣)的程度。主要心理机能的整合程度——各种心理能量适宜的动态平衡(如本我、自我、超我);有完整的生活哲学;在应激条件下能坚持并具有忍耐能力和应对焦虑的能力。自主性或者对于各种社会影响的独立性——遵从自身的内部标准;行为有一定之规;行为的独立程度。对现实知觉的适宜性——没有错误的知觉;对于所预期及所见之物重视实际证据;对于他人的内心活动有敏锐的觉察力和同情心。对环境的控制能力——具有爱的能力并建立令人满意的关系;人际关系适宜;能够适应环境的要求;具有适应和调节自身的能力;能有效地解决问题。

阶段性目标是将终极目标具体化。阶段性目标的确定与咨询的理论取向有关,与各流派对心理障碍的原因和咨询机制的认识有关。

3.矫正的目标和发展的目标

矫正的目标主要着眼于消除临床症状,克服消极的、不适应的行为;发展的目标则重在学习新经验,开发潜能等提升生命价值的努力上。

经过心理评估阶段,心理咨询师已经对来访者的具体问题、心理问题有了较为全面、深刻的了解,也知晓了来访者问题的原因、严重程度及持续时间等,也掌握了认知、行为、情绪及个性等,经过咨询师和来访者双方共同商定后,确定咨询目标。

4.制定方案

咨询方案就是咨询工作的计划,是咨询工作所必需的。明确咨询方向和目标,也使咨询能够按照既定的方案顺利进行,还可以满足来访者的知情权,便于操作、检查、总结经验和教训。咨询目标商定之后,心理咨询师要协助来访者寻找并挑选出实现目标的策略,并将这些策略组织成一个咨询方案,即达成目标的行动步骤,同时为每个关键步骤的实施确定时间框架。制定具体的行动计划有助于协助来访者发展出所需要的规则,给来访者一种希望感,协助来访者找到实现目标的更实用的途径,为评估目标的现实性和适当性提供机会,使来访者觉察到为实现某些策略所需要的资源,协助来访者发现原先不曾想到的前进路上的障碍。行动计划应该具备有效性、可行性、简洁性、灵活性，一个有效的行动计划需要在实践过程中不断修正。

5. 实施方案

制定好行动计划后，就进入实施计划阶段。实施计划是指落实原先制定的行动计划。在这一阶段，心理咨询师需要协助来访者发展将事情落到实处的意愿，协助来访者确定落实计划时可能遇到的障碍与所需资源，协助来访者为持续的行动找到激励因素和报偿，协助来访者形成聚集行动的合同和协议，目的是达成改变。

6. 结束咨询

结束咨询是心理咨询中不可或缺的阶段。当咨询过程顺利，预定的目标达成，通常咨询就可以结束了，此时，咨询双方可以共同回顾或总结咨询成果，并对结束咨询之后的生活和工作，进行展望和祝福。

## 二、心理咨询的形式

1. 面谈心理咨询

面谈心理咨询主要是指心理咨询师与来访者当面进行会谈而展开的咨询，直接面谈有利于心理咨询师综合会谈及观察，运用各种会谈技术和手段，直接有效地与来访者进行互动，全面了解和评估，影响来访者。心理咨询师也可以根据来访者的具体情况，随机调整咨询或治疗的策略，面谈心理咨询也可以采用团体形式进行。

2. 书信心理咨询

书信心理咨询主要是通过书信的形式进行的，早先多用于路途较远或不愿暴露身份的来访者。咨询师根据来访者在信中所描述的情况和提出的问题，进行疑难解答和心理指导。

3. 专栏心理咨询

专栏心理咨询是指通过报纸、杂志、电台、电视等传播媒体，介绍心理咨询、心理健康的一般知识，或针对一些典型问题进行分析、解答的一种咨询方式。

4.电话心理咨询

电话心理咨询也是心理咨询的一种常见形式，它的起源是20世纪50年代在国外开设的热线电话，旨在防止心理危机所导致的恶性事件，如自杀、暴力行为等，因而被喻为“生命线”“希望线”“电话热线”。这类咨询通常有专用的电话号码，便于识记，在既定的时间段有专门的咨询人员值班。此后电话咨询不限于危机干预，也包括常规咨询。

5.现场心理咨询

现场心理咨询是指心理咨询工作者深入学校、家庭、机关、企业、工厂、社区等地方，现场接待来访者，这种形式对于一些有共同背景或特点的心理问题人群有较好的效果。

6.网络线上心理咨询

目前的网络线上心理咨询泛指那些具有专业资格的，或有一定的心理学知识的，或从属于某些特定社会性服务机构的相关人员，通过电子邮件、在线聊天室和视频等网络通信工具，与来访者在交流中建立起一种自然、亲密的关系，并在此基础上提供心理咨询服务，使来访者在认识、情感和态度上有所变化，解决其在学习、工作、生活、疾病康复等方面出现的心理问题。

# 第二章 心理咨询基础理论

## 第一节 精神分析

### 一、弗洛伊德:精神分析

#### (一)弗洛伊德的生平

西格蒙德·弗洛伊德(Sigmund Freud,1856—1939),1856年5月6日出生于现属捷克共和国摩拉维亚小城弗赖堡的一个犹太商人家庭。父亲雅克布是一名羊毛商,有10个孩子,母亲是雅克布的第三任妻子。当弗洛伊德出生时,他的父亲已经40岁了,并且已经做了祖父,而他的母亲却只有20岁。在这种复杂的家庭关系中,年幼的弗洛伊德必须牢牢记住这一事实——他有一个与他母亲同龄的同父异母的哥哥和一个比他还大的侄子。

弗洛伊德是后来的这一家庭中的长子,也是母亲最宠爱的孩子。在家里,妹妹房里常点蜡烛,而他的房间总是点汽灯。有一次,妹妹练琴打扰了他学习,他提出抗议,钢琴就被搬走了。他对妹妹经常发号施令,俨然以家庭骄子自居,这一切养成了他自信和自负的性格。弗洛伊德与母亲之间存在一种亲密、强烈且良好的亲情,这常使他感到自己的成功与其年轻的母亲对他不容置疑的爱有关。弗洛伊德的母亲相信自己的儿子与众不同,这使他本人也逐渐相信了这一事实,弗洛伊德随后取得的诸多成就是源于一种自我实现的预言。这种早期的经历不仅影响了弗洛伊德的一生,而且也深刻地影响到其理论的创立。

1873年,弗洛伊德以最优的成绩毕业于古典中学。在中学期间他就崇尚达尔文的进化论,喜爱采集各种花草标本,并决心专攻医学,后考入维也纳大学医学系。1876年,弗洛伊德进入布吕克教授主持的生物学研究室做研究生,在这里他结识了奥地利生理学家、精神病医生约瑟·布洛伊尔,开始迈出研究精神疾病的第一步。弗洛伊德的兴趣广泛,除学习医学外,还学习人文科学和进化论等。在从事生物学研究期间,他曾解剖过400多条雄性鳗鱼,以研究睾丸的结构。1877年,年仅21岁的弗洛伊德发表了有关鳗鱼的生殖腺之形态与构造的论文。1880年12月,弗洛伊德与他的第一个合作者厄根·布洛伊尔(Eugen Bleuler,1857—1939)开始治疗安娜·欧,这一病例对弗洛伊德后来走上精神分析之路有重大影响,弗洛伊德把它作为精神分析的开端。研究的最终结果是布洛伊尔与弗洛伊德合著了《关于歇斯底里的研究》。该书在出版后的13年中只销售了626册,两人因在该书的出版上存在分歧,1898年关系破裂。1902年,在他的一些学生的推动下,弗洛伊德成立了包括他早期最重要的两个合作者阿德勒和荣格在内的"星期三精神分析讨论会"。1908年复活节,以弗洛伊德为核心,欧洲各地的精神分析学说的支持者和信徒集会于萨尔斯堡,召开"国际精神分析大会",决定发行会刊《精神分析学、精神病理学研究年鉴》。同年4月,弗洛伊德组织的星期三精神分析讨论会改名为"维也纳精神分析学会"。1910年3月,第二届国际精神分析大会在纽伦堡召开。会上正式成立了"国际精神分析学会",弗洛伊德的得意门生、瑞士精神分析学家荣格当选为第一任会长。次年,弗洛伊德与荣格发生分歧,两人的感情恶化。1912年两人终止私人通信,1914年荣格辞去会长职务。几乎与此同时,弗洛伊德与另一弟子阿德勒也分道扬镳。阿德勒从"国际精神分析学会"退出以后,另行组建了"个体心理学会"。

西方学者一般将1913年作为弗洛伊德早期和晚期思想的分界线。1913年,国际精神分析大会在慕尼黑召开,弗洛伊德与荣格彻底决裂了。

1914 年,第一次世界大战的爆发使战争恐惧症和战场精神病增加,人们对精神分析更加关心,精神分析学说在欧美的威信提高。从 1919 年到弗洛伊德逝世,他在西方的声誉达到了顶峰。1923 年,弗洛伊德被诊断患上口腔癌,他最后的 16 年就是在同癌症做斗争中度过的。同年,开始与罗曼·罗兰通信。70 岁生日那年他收到了布兰德斯、爱因斯坦、罗曼·罗兰等人的贺电。当日,弗洛伊德声明从实际运动中引退。

1930 年,弗洛伊德发表了晚期代表著作之一《文明及其缺憾》,书中揭露了人类社会的许多弊端。同年,弗洛伊德由于对文学的巨大贡献而获得了"歌德文学奖"。他的最后一部重要作品《精神分析纲要》渗透着他晚年的全部心血,是他创作的最高峰,也是他一生研究的总结。弗洛伊德晚年还有一些创作夙愿,但由于疾病折磨而没有完成。1939 年 9 月下旬,弗洛伊德告诉自己的医生马克斯·舒尔茨,"现在剩下的只有折磨,并且不再具有任何意义"。这位医生答应弗洛伊德,不会再让他承受不必要的折磨。他在接下来的 24 小时里,给弗洛伊德注射了 3 次吗啡,每次注射的剂量都大于镇静所需的剂量,结束了弗洛伊德多年的痛苦。

### (二)精神分析的假设

#### 1.心理能量

精神分析假设,人的心理过程需要能量驱动才能不断地进行下去,这种能量被称作心理能量(psychological energy),或者叫力比多(libido),它在特定时刻是稳定且有限的,正是它驱动了所有的人类活动。是什么驱使人们去做这件事而不是那件事?是什么驱使人们为其所为?弗洛伊德假定每个人的内部都有一个能量来源,即受心理能量的支配。心理能量按照能量守恒的原理来工作,个体所具有的心理能量在其一生中是恒定的。心理的某部分占用了能量,另一部分便得不到能量。一个人人格的改变意味着心理能量的方向发生了改变。

人格的驱动力来源于两种本能:生存本能和死亡本能。本能是一种能量,一种被转化的生理能量,将身体的需要和心中的欲望联结起来。

生存本能受达尔文进化论的影响，弗洛伊德起初提出了两种本能，即自我保护本能与性本能；后来，他将这两种本能合二为一，称为生存的本能。弗洛伊德把生存本能看成是力比多，它决定了人的生存愿望，即一种潜在的满足性欲的愿望，人们追求快乐的一切形式都是这种愿望的表达方式。生存本能则是通过寻求对食物、水、空气和性需要的满足来实现个体和种群的生存与繁衍。弗洛伊德认为，人格最为重要的生存本能就是性。这种性是广义上的，不仅指性爱，还包含了几乎所有的令人愉悦的行为与思想。他还将性作为个体的首要动机。性欲来自身体的性感区域：口唇、肛门和性器官。弗洛伊德认为人类主要是寻求快乐的动物，他的精神分析大部分都是围绕压抑或者抑制性欲望的需要进行。

与生存本能同时存在的还有死亡本能，包括人类心理的攻击、破坏、自毁等成分及其衍生的贪婪、野心、暴虐等。这种本能表现为对他人或自己的攻击行为和破坏的欲望。弗洛伊德从生物学角度陈述了一个明显的事实：所有的生物都会衰弱或死亡，返回到最初的无生命状态，他认为人类具有一种潜意识的死亡欲望。作为这种本能存在的佐证，弗洛伊德列举了人类漫长历史中的种种暴力和战争。弗洛伊德晚年提出死亡本能的概念实则是他个人经历的反映：忍受着生理和心理的虚弱，癌症进一步恶化，目睹第一次世界大战的大屠杀。他的一个女儿年仅 26 岁就去世，留下了两个年幼的孩子。所有这些事件都深深影响着他。因此，死亡和攻击成为他理论中最重要的主题之一。晚年时期的弗洛伊德害怕死亡，并对质疑他观点且离开精神分析圈子的伙伴和追随者表现出敌意、怨恨和攻击。

尽管弗洛伊德最初认为生存本能与死亡本能是相互对立的，但是后来他又指出，两者其实能以不同的方式联系起来。如吃东西这一行为，弗洛伊德认为，吃东西明显是生存本能，人类为了生存而吸收必需的营养。同时，吃也包括撕、咬、咀嚼，这些行为则是死亡本能的表现。在另一个例子中，弗洛伊德把强奸看成是极端的死亡本能的表现，是一个人采用极端方式把自己的性能量直接发泄给另一个人。性欲和攻击本能合成单一的动机是一种特别不稳定的混合剂。

2.意识结构

弗洛伊德理论的最大贡献，也许是提出了潜意识与意识层次的概念。对弗洛伊德而言，意识只是整个心灵的一小部分。正如水面下更为庞大的冰山，心灵的绝大部分是存在于知觉的表层下面。潜意识储存着所有的经验、记忆及受压抑的各种情绪。需求与动机是触摸不着的。也就是说，它们是存在于知觉之外的，也同样不属于意识控制的范围。虽然我们感觉不到，但是潜意识确实影响着我们的行为。在弗洛伊德看来，潜意识的运作程序，是所有精神病症与异常行为的根源。

3.人格结构

弗洛伊德认为，人格结构包括本我、自我和超我，它们彼此交互影响，处于不断的对立冲突过程中，在不同时间内对个体的行为产生支配作用。如图 3-1 所示。

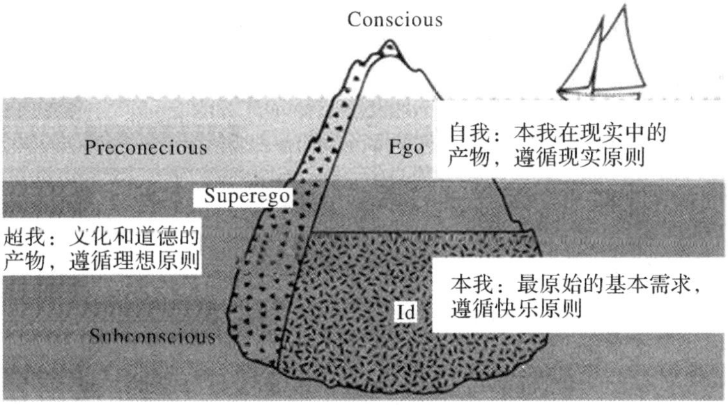


**图 3-1　本我、自我和超我及三者的相互作用**

(1)本我是人格中的原始部分，由一切与生俱来的本能冲动组成，包括人类最基本的需求(如饥、渴、性)。这些本能和欲望强烈冲动着，是潜意识的、无理性的，遵循享乐原则，追求快乐、逃避痛苦，寻求欲望的即时满足和紧张的立即释放。

(2)自我是人格中的理智部分,是在现实的反复训教下从本我中分化出来的。自我主要是意识的,代表着理性,遵循现实原则,力争既可以避免痛苦,又能够获得满足。自我追求现实,配合现实和超我的要求来满足本我的欲望,依据现实来推迟、转移或缓慢释放本我的能量,协调本我的冲动和超我的管制。

(3)超我是人格中的道德部分,是从自我中发展起来的。超我居于管制地位的最高部分,作为道德原则的维护者,是在接受社会文化道德规范的教养中逐渐形成的,其功能是控制行为。超我包括良心和自我理想两部分:良心是儿童受惩罚而内化了的经验,规定自己的行为免于犯错的限制;自我理想是儿童获得奖赏而内化了的经验,要求自己的行为符合理想的标准。超我大部分是潜意识的,遵循理想原则,按照社会道德标准来监督和控制自我的行动。

本我、自我和超我不断相互作用,在健康的人格中,这 3 个组成部分协调地作用着,即自我在超我的监督下,按现实许可的情况,允许本我的冲动得到部分满足。在人格结构中,本我、自我和超我的功能不同,遵循的原则也不同,它们彼此交互作用产生内在动力,形成外显行为。如果个体的本我、自我和超我保持和谐,通常个体能够适应良好;如果个体的本我、自我和超我长期存在冲突,则个体可能出现适应困难。

4. 自我防御机制

自我防御机制在人格结构的互动中,自我既要接受超我的监督,又要吸取本我的动力,同时还要考虑现实条件,一旦三者之间不能保持平衡,个体就会产生焦虑。而焦虑反应作为一种警示信号,会促使自我采用一定的方式缓解冲突,以减少对自我的威胁。自我为适应本我、超我和现实的冲突,会运用各种心理策略以保护自己来维系心理平衡,即自我防御机制。自我防御机制是人在心理上自动的自我保护反应,通常在潜意识下运作。常见的防御机制主要包括:压抑、转移、退行、投射、反向形成、合理化。其中,合理化是指通过歪曲现实来为需要得不到满足而进行开脱,从而保护自尊心。常见的自我防御机制见表 2-1。

**表 2-1 常见的自我防御机制**

| 自我防御机制 | 功 能 | 举 例 |
| --- | --- | --- |
| 压抑 | 对感情、力量等加以控制或限制,不能充分流露和发挥 | 我忘记了 |
| 否认 | 否认焦虑的来源 | 不,那不可能 |
| 反向形成 | 通过对立的言行来保护自己不受被禁止的想法或冲动 | 我周围都是蠢货 |
| 投射 | 将自己身上不想要的冲动或品性归结于其他人 | 我周围都是混蛋 |
| 合理化 | 想出一个看似符合逻辑的理由去做某件令人羞愧的事 | 为了成为好的,你必须变得残忍 |
| 理智化 | 用冷漠、理性的术语来描述威胁性的情境 | 经历长期痛苦之后,病人断气了 |
| 替代 | 被禁止的冲动转向一种更安全的目标 | 贴着教授照片的飞镖盘 |
| 升华 | 将低级冲动转变为一种高尚的动机 | 高等艺术及其他职业选择 |

(1)压抑(repression),弗洛伊德把压抑称作“整个精神分析理论结果的基石”,显然它是最重要的防御机制。压抑是自我通过积极努力,将那些威胁着自身的东西排除在意识之外,或使这些东西不能接近意识。例如,一天夜里,一个男孩看见他父亲殴打母亲。事后被问及这次经历时,男孩坚持他从未见过这样的事情。也许他并没有撒谎,相反,或许是因为那恐怖的 幕让他难以接受,因此将这个经历压抑于意识之外。

根据弗洛伊德的观点,我们每个人都要使用压抑,因为所有人的潜意识中都有不愿意带入意识的想法。压抑看似有效,但它并不是无须付出代价的。因为压抑是一个稳定、主动的过程,它需要自我持续地消耗能量。压抑大量强烈的想法和冲动使自我没有剩余能量可以运作。没有一个强大的超我,一场维持稳定人格的战斗必将失败。

(2)否认(denial),这一机制与压抑有关,是指否认外部威胁或曾经发生的创伤事件的存在。例如,一名深爱妻子的丈夫在妻子死后很久,仍然表现得好像她还活着一样。他在饭桌前给她留一个位子,告诉朋友们她走亲戚去了。对这名丈夫而言,与清醒地承认妻子已经死亡相比,这种假装更能让他接受。当运用否认时,我们拒绝接受某些事实。和压抑不同,否认不是说不记得了,而是坚持某些事情并不是真实的,尽管所有证据都表明其是真实的。显然,否认是防御的一种极端形式。否认越多,与现实接触越少,心理机能的运作越加困难。但在许多情况下,自我宁愿借助于否认,而不让某些想法进入到意识。

(3)反向形成(reaction formation),是指将思想、感觉和冲动抑制在意识之外,同时呈现它们相反的情形。如果这些被禁止的冲动非常危险而且力量非常强大,需要额外的防御机制时,自我会倾向于采用这种防御机制。如果个体认为他们有一些不被接受的特质,那么他们会试图通过相反的方式表达出来。例如,一个女人总告诉别人她多么爱她的母亲,实际上在她的潜意识中可能隐藏着对母亲强烈的憎恨。根据反向形成的防御机制,精神分析师能够做出这样的预测:人们有时会做与你认为的他应该做得完全相反的事(Larsen and Buss,2011)。因此,当某人过分坚持某件事时,我们就应该对该事件敏感。例如,某人对我们过于友好而又说不出原因,在这种情况下,那个人真正的目的也许就是行为的反面。反向作用的一个突出特点就是过分的抑或坚持的行为。

(4)投射(projection),有时我们把一种潜意识冲动归为别人的,而不是我们自己的,这种防御机制称为投射。通过把冲动投射到另一个人身上,可以摆脱这样一个观念,即我们自己持有这种想法。例如,我们拒绝承认自己有异常欲望,却认为别人有。宣称世界充满猜疑和欺骗的人,潜意识中承认他自己是猜疑别人的骗子。其他形式的自我怀疑也会导致投射。那些怀疑自己智商的人会说自己周围全是笨蛋,通过这种方式减少他们对自己能力不足的焦虑。这似乎会使他们好受一些,并且在短期内,指出他人的愚蠢会让他们显得更聪明。

(5)合理化(rationalization),这是一种通过对行为重新进行解释,从而使其显得更加合理、更容易被我们所接受的防御机制。我们通过劝说自己存在合理的解释,来为一个具有威胁性的想法或行动寻找借口或证明它的合理性。合理化无处不在,有些人经常使用它(Von Hipel,et al.,2005):父母严厉惩罚孩子,并声称是为了孩子好;富人减免自己的赋税,却增加了穷人的负担,还说这是为了大家好。

合理化有两个显著特征:它们都是明显的、合理的;使用合理化的人看起来绝对真诚。如果这些理由漏洞百出的话,你可能会倾向于认为这些人真的相信他们所说的。合理化的一个特点就是具有一种让聪明人去相信那些不合情理的事情的能力。

(6)理智化(intellectualization),是对可怕事物进行自我控制的一种方法,在这些情感内容进入意识层面之前,就把它抹去了。用严格的理智而非情感的方式检查自身的意念,把某些想法带入意识,或把它们保存在意识中,不造成任何焦虑。例如,一个女人想象她丈夫出了可怕的车祸,她反复地考虑系安全带的重要性,不带任何感情色彩。弗洛伊德学派的医生会猜想,这个妇女在潜意识中对她的丈夫可能怀有某种憎恨。

(7)替代(displacement),是指将敌意等强烈的情感从最初唤起情绪的目标转移到较少危险的另一目标。例如,一个女子遭受虐待后,潜意识中会非常愤怒。如果向相应的目标发泄愤怒时不被接受或会导致可怕的后果,那么她会把这些情绪指向她身边的其他人,如同事、孩子、父母等。尽管这样做会导致其他问题,但是向威胁性小的人爆发愤怒,可以防止潜意识的想法变成有意识的发泄。弗洛伊德认为许多不合理的害怕或恐惧都只是象征性替代。

(8)升华(sublimation),是一种将被压抑的冲动转化为建设性行为的防御机制。升华是替换的一种形式,也是对冲动对象进行的重新定位,其结果是达到一种较高的文化现实。例如,性能量可以被转移或升华到艺术创作行为中去,达·芬奇多产的科学研究作品是他受挫性爱的升华。弗洛伊德认为,人类的各种活动,尤其是艺术活动,都是本我冲动的表现,本我冲动被改变成社会所接受的满足方式。

自我防御机制的目的是降低焦虑,或是阻挡冲动,使个体不表现为有意识的行为,或者干扰本我冲动,使其降低强度或转向他向。尽管自我防御机制有利于缓解焦虑,但毕竟要耗费本来可以从事建设性行为的心理能量,而且属于潜意识中进行的儿童式的反应，所以会阻碍现实行为的发展。

5. 性心理发展阶段

性心理发展阶段是以力比多（生的本能或性力）投放的部位来划分的，分为口欲期、肛欲期、性器期、潜伏期和两性期。弗洛伊德认为，前三个阶段是人格发展最重要的阶段，成人的人格在前3个阶段过后已基本定型。为了使个体从一个阶段顺利转入另一阶段，就必须使个体既不过多也不过少地得到满足。如果没有获得适度满足，就可能产生发展迟滞现象，称为固着作用。个体在以后的生活中一旦受挫，就很容易退行至此。例如，口欲期习惯索取，经常被动依赖；肛欲期强迫性格，易控制、整洁、吝啬、固执。弗洛伊德的心理性欲发展阶段见表2-2。

**表2-2　弗洛伊德的心理性欲发展阶段**

| 阶　段 | 年龄范围 | 性敏感区 | 性的活动 |
| --- | --- | --- | --- |
| 口腔期 | 0～1岁 | 嘴、唇、舌 | 吮吸、咀嚼、咬 |
| 肛门期 | 1～3岁 | 肛门、屁股 | 排除或保留排泄物 |
| 性器期 | 3～5岁 | 生殖器 | 手淫 |
| 潜伏期 | 5～11岁 | 无特定区域 | 性兴趣被其他活动取代 |
| 生殖期 | 12岁以后 | 生殖器 | 手淫、性交、异性爱 |

具体来说：

（1）口腔期。这一阶段（0～1岁）儿童的性敏感区是口腔部位的唇和舌，诸如吸吮、咀嚼、吞咽等是性欲满足的主要来源。吸吮行为是最能使婴儿感到快乐的行为，这种行为满足了口腔性感区的要求，使婴儿得到一种愉快体验。这时候母亲的乳房满足了儿童两个基本需要，即营养的需要和快乐的需要。当儿童逐渐长大，口腔仍然是一个性敏感区，等到成年时，他们通常会采用其他的方式，如抽烟、喝酒、吃零食、嚼口香糖、咬手指及冷嘲热讽来满足口腔的欲望。弗洛伊德认为，口腔期固着会产生口腔型人格，有这种人格在成年后习惯于与口腔有关的生活，如他们一般吃得多，吸烟多，通常花费更多的时间与别人讲话，他们可能成为政治家、教授、律师、演员等。对于父母而言，及时满足儿童的口腔欲望不仅满足了儿童的生理需要，而且是形成其健全人格的基础。

(2)肛门期。这一阶段(1～3 岁)的性敏感区由口腔部位发展到肛门和大肠,儿童通过排泄而得到一种快乐,因为在排泄时会有一种紧张消除的愉快体验。对于父母而言,训练儿童有规律地排泄大小便是一项非常重要的任务。父母训练孩子排便时,孩子往往与父母形成一种对抗性情绪,他们通过保持和驱逐来表示对父母的不满,其反抗主要通过在排便适当的时机抑制排便,而在不适当的时机进行排便这一方式进行,试图以此来控制他人。弗洛伊德认为,在肛门期产生固着,会形成肛门型人格。如果父母阻碍了肛门性欲的满足,特别是由于如厕的训练而产生的固着,那将会产生肛门定向。肛门型人格分为两类:一类是肛门保护型,此种类型的人一般表现为整洁、小气、刻板、做事有条理;另一类是肛门驱逐型,此种类型的人一般表现为不爱干净、大方、随便、做事缺乏条理。

(3)性器期。这个阶段(3～5 岁)儿童的性敏感区指向生殖器区域,儿童的性欲望主要通过生殖器来满足,其典型行为是手淫。由于男女生理特征不同,因此产生了两种不同的人格特征。

弗洛伊德指出,幼年时期对异性双亲的眷恋是人类普遍存在的特征之一。俄狄浦斯情结(又称恋母情结),是指男孩恋母而仇父,解决的办法是向父亲认同,将父亲的价值标准变为自己的价值标准,如果解决得不彻底,对父亲的怨恨和敌意就可能持续存在,并在以后的生活中转移到所有权威人物身上。对女孩而言,则是恋父而仇母,解决的办法是试图认同母亲,来取代母亲。根据精神分析的理论,对俄狄浦斯情结的足够、积极地解决,是健康人格发展的重要内容。

男性性器期这个阶段,男孩认为母亲是自己快乐的目标,因此就想得到母亲,以获得性欲的满足。当他看到父亲与母亲关系亲密时,会产生对父亲的嫉妒和敌对情绪,这就是弗洛伊德所说的“俄狄浦斯情结”(Oedipus complex)或“恋母情结”。如果母亲反对孩子的妄想和性欲望,或孩子由于父亲的反对而产生“阉割焦虑”的话,那么此阶段的结束还需经历两个解决过程。第一个解决过程是“压抑”,由于男孩怀有对母亲的性欲望和对父亲的憎恨,却又不敢表现出来,因此只有使它们被迫进入潜意识状态,通过压抑才能解决俄狄浦斯情结。第二个解决过程是以其父亲自居,认同其父亲的行为,这时男孩不再想取代他的父亲，而是去认同父亲的行为方式，认同父亲的行为标准。正是这种认同使男孩形成关于善恶的标准及其相应的性别角色。

女性性器期与男孩相似，处于这一阶段的女孩会喜欢上自己的父亲，并在潜意识中企图取代母亲的位置，这种现象即“厄勒克特拉情结”(Electra complex)或“恋父情结”。弗洛伊德认为，男、女孩间的恋母(父)情结有很大区别，虽然由于“阉割情结”使两者都产生恐惧心理，但男孩要求解决此情结，女孩则没有这种压力。事实上，正是这种情结使女孩进入安全状态并成为正常的女性。此时，女孩一方面想取代母亲而获得父亲的爱，另一方面又为将失去母亲而恐惧。如果女孩没有能够解决好上述问题，那么她在人格上将会产生这样的特征：虚荣心和嫉妒心。

弗洛伊德认为，在男、女性器期出现固着会形成生殖器型人格。性器型男性往往做事不考虑后果，而且非常自信，过高评价自己性器的价值，并力求证明他是一个真正的男子汉，因此他们常常自负、自夸。性器型女性则会出现“受阻女性”综合征，她们力求在多方面优于男性，并且去寻找典型的男性职业，对谴责、诋毁男性感兴趣。

(4)潜伏期。这一阶段(5～11岁)儿童没有明显的性发展表现，其性欲望和冲动处于暂时的休眠状态，性的兴趣被其他兴趣，如探索自然环境、文化学习、文体活动及同伴交往等活动所取代，它的持续时间几乎是前三个阶段的总和。弗洛伊德认为这一阶段对儿童人格形成极为重要。这一阶段最突出的特征是儿童失去了对性的兴趣，他们将自己局限于全部是女性或全部是男性的群体中。在这期间，由于生活范围的扩大和知识经历的增加，儿童人格中的自我和超我部分获得了更大发展。男女儿童之间的关系比较疏远，团体活动时多为男女分组，甚至界线分明，互不来往。但这种潜伏只是暂时的和相对的，它类似于火山爆发前的那一刻，力比多在体内不断积聚，直至青春期爆发。

(5)生殖期。弗洛伊德将口腔期、肛门期、性器期3个阶段称为前生殖期。在这3个阶段中，性活动由自发的性欲所引起，孩子们追求的是肉体的愉快。潜伏期结束后进入生殖期(12岁以后)，由于性的发育成熟，儿童产生了第二次性欲冲动，这种生理压力使孩子感到了性冲动的力量。弗洛伊德认为此时的性本能通过性高潮得以满足，而且性的能量开始投射于所爱的事业，并由“自恋”开始转向于“异性恋”。从这时起，儿童开始摆脱对父母的依赖，逐渐成为社会的独立成员，寻找职业、选择对象、生育并抚育后代。这时，性本能因追求更有价值的目标而减弱了自己的紧张，但这种方式仍受潜意识本能的支配。例如，一些创造性活动和社会活动也都根源于潜意识。

7. 心理决定论

精神分析认为，任何事情的发生都不是偶然的，每一种行为、思想和情感的背后都有其原因。日常生活中看起来很微小的“偶然事件”，通常都是动机性潜意识的表达。精神分析学家坚信，心理学可以解释以下这些自相矛盾的事情：道德行为倡导者的强迫性赌博，等等。他们所需要的是勤奋、洞察力，当然还有适当的精神分析。在弗洛伊德看来，那些行为和心理看上去矛盾的冲突是可以被解决的，不存在偶然性。每一次口误、迟到、忘记一个人的名字和摔坏他人东西都有特定的原因，精神分析的目的就是深度挖掘这些原因，它们通常是藏在心里的隐蔽部分。精神分析为此得出的结论是：许多重要的心理过程都是潜意识的。

## 二、精神分析的其他主要理论方法

（1）精神分析相信若我们能协助来访者将无意识变成意识，改变就出现了。而这改变过程，主要包括增强个人的自我，减弱超我的严苛性，同时扩展本我的自觉。学者相信，自我把握了无意识的思想后，就可以将这些思想和知觉的思想进行统合。

（2）精神分析学派要探索来访者的无意识，主要是采用下列 3 个技巧：①咨询师要保持客观和没有批判性的态度；②对从自由联想过程中所得到的资料作出解释；③留意自己和来访者之间的移情关系，以及在咨询情况中来访者在人际关系中的情绪经验。

（3）移情是精神分析学派咨询过程的核心。简单来说，移情关系是指来访者在咨询过程中将咨询师看作自己生命中的一个重要人物。而咨询师知道来访者或迟或早，总会在这移情关系中将个人困扰的态度和感受指向咨询师。换言之，来访者会将他们和其他重要人物交往的方法转移到咨询师身上，而过程中产生的依赖和沮丧感会促进移情作用的发展。事实上，在心理分析治疗中，移情作用是一个关键，因为透过移情作用，咨询师有机会具体地去观察和了解来访者的人际关系。同时，我们要知道心理分析治疗的目标，其实就是消解来访者这种转移的意识和感受。

移情包括正向移情和负向移情，前者指正性的、友爱的，后者指负性的、敌对的。发展移情和理解移情是精神分析咨询师最重要的咨询手段之一。移情是人类普遍的现象，一方面，我们需要利用过去的经验来理解现在的问题；另一方面，所有人都需要重现过去来处理目前的困境。移情是来访者潜意识的表达，可以了解其以往的人际关系和对待重要人物的感情经验，引导来访者讲出痛苦的经历，使移情成为了解来访者的重要途径，推动咨询的深入和展开。

反移情，是指咨询师对来访者的情感反应，是咨询师对来访者的移情。就像所有移情一样，咨询师的反移情也是潜意识冲突的结果。反移情在咨询过程中是不可避免的，对咨询过程产生积极或消极的影响，关键在于咨询师对反移情的察觉与处理。咨询师通过内省自己微妙的情感反应，有助于发现来访者的主要内心冲突。往往咨询师的反应越强烈、越尴尬，就越能反映来访者所隐藏的关键性的内心冲突。咨询师如果身陷其中并不觉察，就不仅会影响咨询关系，而且会成为咨询进程的障碍。

反移情有正面和负面，正面的反移情可能非常同情来访者、喜欢来访者，特别想帮助来访者。负面的反移情包括不喜欢来访者、对来访者不满、感到压抑、焦虑、紧张等等。有的咨询师听了来访者一些非常悲惨的故事后感觉不舒服，甚至整晚睡不着觉，有的咨询师对一些来访者反复谈论性问题而感到恶心，这都是反移情的表现。

按经典精神分析理论，反移情主要是咨询师把自己生活中的重要人物投射到来访者身上，可能觉得有的来访者像自己的母亲，或自己的孩子，等等。但是按现代精神分析的观点，还有一种反移情是由来访者激发出的咨询师的情感。对于反移情的处理，首先是咨询师要敏感，对自己的情绪反应能敏锐地察觉，另外就是咨询师主动寻求督导和其他志愿者的帮助，调整情绪，甚至包括解决自身的问题。

(4)在心理分析治疗的过程中,咨询师会尝试营造一种安全气氛,好让来访者可以学习表达自己的思想。由于咨询师很温暖,又以接纳和不作批判的态度和来访者相处,故此来访者就可以自由地对自己当前的行为作探讨,看看是否适当。同时,通过与咨询师的关系和相处,来访者可以对自己和其他人的人际关系有许多深远的新发现。在这个过程中,咨询师要求来访者不要做任何思考,以免他因此对自己知觉的意见(联想)作出任何选择,或要决定哪些是值得说出来的;咨询师要提醒他,他唯一要留意的就是尽量直接地将他意识到的一切说出来。这不但是咨询成功之关键,同时也是最基本的技巧性规则,务必要遵守。

(5) 修通,是指来访者在接受咨询时,因为要面对不同的情况,他的神经质的矛盾冲突会重复出现,而咨询师就会不断地针对这些矛盾冲突作解说,目的是通过对来访者的防卫机制审查的过程,令来访者自己可以增加自觉和领悟。实际上,加强自觉和领悟是心理分析的主要目标之一。因为心理分析学派的学者相信当来访者对自己的防卫机制和矛盾冲突的根源及当今的情况增进了解时,他就可以选择其他更有效的行为来处理当前的问题了。

(6)解释,是指在咨询过程中,咨询师所说的话是要提供一些新的资料给来访者,这是心理分析中导致人可以改变的主要动因。许多人误会这些分析是很深入的,其实不然,而且也不一定将孩童时期的经验和现在的行为拉上关系。解释主要包括澄清和界定一些应该继续讨论的主题,亦包括将两个不同的事件、思想和感受并列,然后要来访者作比较。最后还有一项,就是指出来访者行为中所防卫和逃避的成分。

(7)自由联想,源于弗洛伊德相信在知觉的表层之下所抑制的种种往往会提供很多线索,令我们可以达到更深层次的潜意识。故此他主张在治疗过程中让来访者斜躺在长椅上,而自己则坐在其头部后方,让来访者与自己的交往减到最少,以便来访者可以自由地表达。他将谈话内容进行笔录,主要是对来访者的童年经验以及创伤性事件进行组合、讨论、分析和解释,以带领来访者对自己的问题有所领悟,加强改变的决心。而来访者较为清楚自己的行为和心态后,就可以尝试改变行为、处理问题和适应生活。

(8)至于梦的分析也和前者差不多,也基于相似的理由。因为弗洛伊德相信在睡眠中人的自我控制会较弱,故此潜意识的内驱力就会在梦中出现,因此梦的内容其实是一把钥匙,会为我们开启潜意识的门。同时,咨询师往往利用梦境中的资料与来访者进行分析讨论,促进来访者的自我探讨。

## 三、现代精神分析理论

在精神分析100余年的发展历史中,随着社会的发展,精神分析学说的理论和方法被不断地补充和修正。许多精神分析学家在继承了弗洛伊德的一些主要思想和技术方法之外,还发展了许多新的理论和方法,产生了现代精神分析的分支,主要有自我心理学、客体关系理论、自体心理学、依恋理论等。

客体关系理论并不是由单独某一学者创建,而是许多学者共同的贡献,或者说由于他们的理论概念解释了客体关系,描述了客体关系的发展阶段,并把他们的工作与弗洛伊德的驱力理论联系起来,都归之为客体关系学家。最具有影响的学者有巴林特(Balint)、比昂(Bion)、布兰克(Blanck)、费尔贝恩(Farbarin)、甘特里普(Guntrip)、雅各布森(Jacobson)、科恩伯格(Kernberg)、克莱恩(Klein)、玛勒(Mahler)以及威尼科特(Winnicott)。这些学者在各自的理论中既继承了弗洛伊德精神分析的部分内容,又创建了各自的理论,特别是一些重要的概念。

1. 基本概念

(1)客体关系:跨越了内心和人际两个维度,指人格中内在的各个部分所组成的系统,它们在自体内互相联系。内在客体和自体中的其他部分同外在客体是相互作用的,在任何关系中,双方的人格都在相互影响。

(2)客体:即外在客体,指关系中重要的他人,可以指早期的重要他人或现在的重要他人,与内在客体有关联。

(3)内在客体:是心理结构的一部分,它形成于个人在早年生活中对重要照顾者的体验,在人格中就记录为那段早期关系的踪迹,其不是记忆,也不是表征,而是自体存在的一部分。

(4)自体:指个人在生活中所形成的总体人格。一个原始的、未形成的自体,通过对客体的体验逐渐充实起来。自体包括古老的自我概念、内在客体以及通过情感(感受)绑在一起的客体和自我的某些部分三个方面。

(5)部分客体:部分客体涉及主体在主观上是否将客体体验为好的或坏的、愉快的或不愉快的。从客体能否满足或者伤害的一个方面来体验客体,只能体验到部分的客体。

(6)完整客体:从满足和伤害两个方面来看待一个客体,就是把该客体视为一个完整客体。

(7)自体表象:除了客体的幻象和表象之外,婴儿内部世界的另一个方面是包括一个他自己发展的自体表象,其是自体心理的表达,是在孩子的环境中与客体或重要人物的关系的体验。

(8)内在客体关系:指自我的部分与某客体通过自我对于该客体之间关系的体验联系在一起。内在客体关系由意识和潜意识两部分构成。

2.不同学者的主要理论

克莱恩提出的投射性认同概念,在咨询临床中出现,同时在现实生活中也常见。投射性认同概念是指自体的一部分先投射到客体,然后患者企图控制客体上被投射的自体部分。由于企图控制原本属于自己的部分,来访者在某种程度上透露出自己察觉到被投射的部分其实是属于他的。

威尼科特提出了足够好的母亲,能够适应婴儿姿态的需要,以一种原始母爱的全神贯注,领会并完全满足孩子婴儿期的需要,而且在适当的时候逐渐帮助婴儿朝向独立方向发展。足够好的母亲养育了婴儿的全能感,以后逐渐地让全能感离去,婴儿要学会忍受挫折,因此母亲需要做到"足够好",并非完美。

玛勒认为个体第一次的心理分离个体化历程,是能逐渐摆脱与母亲的共生关系而成为一个独立的个体。她将儿童0~3岁的成长分为3个阶段。

第一阶段在0~1个月,是自闭期。这时的孩子和外界没有任何交流和沟通。

第二阶段在1~4个月,是共生期,相当于心理融合阶段。孩子和母亲是共生的,孩子会觉得母亲是附属的自我,他不仅感到和母亲共生,而且可以感觉和这个世界也是共生的。

第三阶段在4～36个月，是个体化分离时期，儿童从6个月开始区分自己的母亲和别人不同，也开始区分母亲和自己有差别，这是人类走向个体化独立的第一步。玛勒把分离个体化又分为以下四个亚阶段：

(1)分化期(0～10个月)：在分化期，婴儿理解了母亲是与他人不同的人。

(2)实践期(10～16个月)：在实践期，婴儿热情地探索周围世界，热衷于他们新近发展和获得的能力。

(3)和解期(16～24个月)：在和解期，婴儿需要知道母亲在哪里，经常会在探索和回归照顾者之间摇摆，表现出分离和对亲密的渴望。

(4)客体恒定与个体化(24～36个月)：在这一时期，婴儿逐渐形成对主要照顾者稳定的心理表征，即使照顾者不在眼前，也能在心中保持对他们的印象。

精神分析的一个重要分支是自我心理学的产生，其早期代表人物有海因茨·哈特曼等，后来由科胡特(Kohut)对其进一步发展。科胡特的著作有《自我分析》《自我恢复》《如何分析咨询》。自我心理学的实质是强调自恋。这里的自恋不是作为病态情况，而是作为人类发展的一部分来描述。然而，弗洛伊德认为自恋是由于自我之爱或自我专注，从而不能对别人产生爱和联系。科胡特认为，自恋是一个动机发展的组织者，因此爱自己先于爱别人。科胡特理论的一些主要概念有：自体、客体、客体自体、自我专注和理想化自体。

## 四、精神分析在高校心理咨询中的应用

在高校的心理咨询服务中，实践已表明咨询师运用精神分析的理论与方法为大学生进行服务是有用的和有效的。

### (一)运用精神分析的视角更好地理解来访者

成为一个精神分析师，并且完全运用精神分析的方法在高校为大学生提供心理咨询服务显然是存在一定困难的。其一，国内本身缺少接受过规范系统培训并具有精神分析师资质的心理咨询师。如果只学习了一些精神分析的理论与方法，有结业证书，这并不等于是精神分析师。其二，接受过

一定精神分析培训的咨询师如果总以经典精神分析为标榜，要做长程精神分析对来访者提供帮助。这实际上与高校为更多的学生提供心理服务，设定每个来访者 6～8 次的服务原则与规定不一致。

基于存在以上的现实情况，高校心理咨询师对精神分析的运用重点在于运用其理论视角理解来访者，可以再结合其他流派的技术与方法为来访者提供帮助，这样做更为适宜。精神分析不仅是一种咨询方法和技术，而且是一种理解人的途径，一种生活哲学，它深刻地揭示了一个人人格的成长过程，拓展了人类自主精神的领域，它对人与人之间主观性的广泛而微妙的差异进行了富有思想性的描述，是一个探索自己内心世界的非常重要的工具。精神分析包括经典精神分析的人性观、意识结构理论、人格结构理论、自我防御机制、性心理发展阶段以及所阐释的产生心理困扰机制等，也包括之后的新精神分析理论中的自我心理学、客体关系、自体心理学等理论，无论何种咨询取向的咨询师都能从精神分析中获得帮助和启发。一些大学生前来咨询多带着对实际的困扰，如有入睡困难、与宿舍某个同学的人际关系很糟糕，或者对选择大学毕业后的出路犹豫不决，等等。从前面提到的精神分析对于心理疾病成因的理解来看，这可能都是其内在心理冲突的表现，而那些内在心理冲突可能与其早年生活经历、原生家庭养育有关。例如，因为毕业选择焦虑不安，可能受困于自我决定还是听从父母决定的冲突，更深层的可能是想反抗父母的严厉束缚而遵从内心心愿，但由于是独生子又想尽孝道的矛盾心理。简单而言就是现在这些困扰都是有原因的。因此，咨询师先不要过于先入为主地认为这些问题没什么大不了或者不可理喻，甚至急于把问题去除，而是应尝试理解来访者的苦恼。这会给双方提供一种更宽广的视角去看待自己、看待他人、看待关系、看待症状。当咨询师看到来访者在生命历程中所经历的困难、挣扎，就会从内心深处涌出一种悲悯之心，产生和提供一种有别于他人的关怀和理解，这同样可以产生咨询效果，或者说这才是咨询中真正可以帮助来访者的地方。

精神分析同样注重咨询过程，尤其是移情和反移情的发生和处理，咨询师对自我反移情的觉察可以更好地通过咨询关系来帮助、理解来访者。从精神分析视角理解来访者时，咨询师尤其要注意精神分析会关注来访者的原生家庭、早期经验,但不是让来访者找到个人困扰的原因,由此去谴责父母早年的不当养育,这只能适得其反。咨询师最重要的是关注和体会来访者的感受,协助来访者去理解自己。

许多大学生对心理学感兴趣,在遇到个人困扰时通常查阅书籍资料,如《梦的解析》等精神分析的书籍来自我帮助,在咨询时也会询问相关问题。咨询师需要注意来访者为什么会读这些书,来访者有些什么感受和想法,而不是与来访者讨论精神分析理论。

**(二)不要为了满足咨询师的好奇心而过度探寻和野蛮分析**

所谓过度探寻,是指咨询师出于自身的好奇心而不是关注来访者的核心困扰、是否做好了准备,就急于深度询问。例如,有的女生对男性缺乏信任,甚至厌恶,在情感上一直难以和异性建立亲密关系,现在遇到了一个不断追求自己的男生,感觉到很困扰。听到这些介绍,有的咨询师会不自觉地与来访者的早年经历联想,内心甚至作出了来访者有早年性创伤的假设,并由此就开始询问来访者有没有男性伤害过她,如果有,那么是谁、什么时候、在哪儿?有的咨询师甚至使用催眠以及一些投射测验,诱导来访者的潜意识。而来访者既没有将目前困扰与早年经历联系起来的联想,也没有做好心理准备去回忆一些痛苦经历。于是,有的来访者会中断咨询,有的来访者可能情绪失控。

野蛮分析是指咨询师很容易运用精神分析的术语和假设在咨询过程中对号入座。例如,某个来访者迟到了,可能咨询师立刻反应就是来访者在“阻抗”;某个来访者对生活中其他人做出一些评判,可能咨询师就认为来访者在使用“投射”的防御机制;某个女生咨询恋爱问题,男朋友比其年长几岁,可能咨询师马上解释为恋父情结,等等。而咨询师的这些行为实际只是进行专业上“贴标签”,而不是真正试图理解来访者。这会使咨询师自己充满了知识上的优越感,使自己的自恋得以满足,这往往会对来访者造成二次伤害。因此,咨询师要非常谨慎地使用分析的技术,要保持谦卑的态度。

**(三)短程精神动力学理论更适用于高校心理咨询**

对于高校心理咨询,基于限时的设置和发展性的咨询目标,短程精神动力学理论的限时咨询可能更适合。短程精神动力学理论是指基于精神分析和精神动力学理论发展出的、每周一次、非躺椅式的、持续 12～16 次的咨询治疗，也有学者将短程精神动力咨询界定为 20～50 次的咨询治疗。短程精神动力咨询最主要的特征是有明确的咨询焦点和有限的咨询目标。目前短程动力学咨询治疗也有不同的特定方法，如人际核心冲突短程动力学治疗等。短程精神动力学的特色方法主要包括以下 3 个方面。

1.初始访谈更加主动

初始访谈不仅是为了迅速充分地进行评估，初始访谈也是咨询。由于短程咨询的时限性，在初始访谈时，咨询师不过于具体地探索来访者的个人生活史，而是要在相对短的时间内保持特别的警觉和活跃，抓住来访者当前的求询困扰，形成描述性评估和大致的关于核心冲突等的动力学假设。

2.尽早识别来访者的关系模式和内部信念

在短程咨询中识别、注重来访者当前的病态行为模式并帮助其改变，比发现它的动力学原因更重要。从动力学视角来看，内部的病态信念和外显的关系模式紧密相连，幼年与重要关系人的不良创伤性关系模式铸成了来访者的内部信念，而这种最初的潜意识的病态信念又导致了在日后现实中不断重复的失效关系模式。关系模式将来访者的内部非常态信念以一种可见的行为方式表达出来。对有时限的动力性咨询来说，目前主要运用的方法大多数都是反复强调对来访者核心关系动力学意义的理解。

3.恰当设置目标，实施开放式结束

大学生正处于认识自我、了解自我、走向独立的发展阶段，短程咨询可以帮助他们用在咨询中学到的东西去尝试新的建设性的行为，获得新的正性的情感体验。而且短程咨询中咨询师所表现出来的信任来访者自身康复能力的临床理念也会内化为来访者对自己的态度，这对减少来访者对咨询师和咨询的依赖、提高他们的自尊都极其有益。

高校的咨询虽然有咨询次数的限制，但每个学期都可以重新预约，可以再次进入咨询关系中。开放式结束是一种较温和的分离方式，还具有动力学的咨询意义。很多大学生来访者隔学期、学年再次约谈时，既没有出现症状的反复，也没有提出继续咨询的要求，再访约谈成了一个巩固咨询效果和继续沟通的机会。

## 第二节　认知和行为疗法

### 一、认知和行为疗法概述

许多咨询师根据思维、情绪、行为的变化来区分干预技术，如何改变观念(思维)和行动(行为)。多数认知重建法都起源于亚伦·贝克(Aaron Beck)。这些咨询的总体目标是识别非理性的或逻辑错误的思维模式，并通过直接讨论这些非理性思维而使之发生改变。不良的思维方式而非事件本身才是引起痛苦的原因。来访者必须能够识别出无效模式，学会更多适应性思维和应对策略，并且进行预演和练习。这些无效的思维模式(通常被称为图式)非常普遍，影响着个体在不同情形下的反应状态。

大多数行为方法都起源于条件反射和学习理论以及巴甫洛夫(Pavlov)、斯金纳(Skinner)和赫尔(Hull)的成果。其基本原理是要认识到不健康行为(神经症)是一种习得的结果，可以通过消退或新的学习来去除。从理论上说，目前已有上百种改变行为的技术。

认知重建法的主要目的就是帮助来访者认识自己的错误思维并加以改变。当人们处于焦虑或抑郁状态时，就会以消极的和自我谴责的方式看待事物。认知咨询师认为这种消极思维模式才是抑郁和焦虑的根源。例如，当你想起丧失的经历时，你会觉得悲伤和抑郁；当你感到面临危险时，你会觉得担忧和焦虑。反之，如果人们学会以更加积极和现实的方式来看待自己，就会增强自信。在运用认知行为策略时，咨询师常把认知重建作为第一步。以下这些策略被用来帮助来访者。

(1)认识自动思维模式及其如何影响自己和他人。

(2)改变加工信息的方式和行为模式。

(3)学会改变对自己、他人以及对世界的看法。

大卫·伯恩斯(David Burns，1999)在他的重要著作《好心情》(Feeling

Good)中列出了歪曲思维的主要形式。

(1)全或无思维:以绝对化、非黑即白的方式看待事情。

(2)过度概括化:认为消极事件将带来永无止境的失败。

(3)心理过滤:重视消极的一面,忽略积极的一面。

(4)低估正性信息:坚持认为自己的成就或积极品质是“微不足道”的。

(5)贸然做出决定:①读心术——没有确切的证据,而度他人之腹;②臆测未来——武断地预测事情将会变糟。

(6)最大化或最小化:对事情过分夸大或者不恰当贬低。

(7)情感推理:根据自己的情绪做出推论,如“我觉得像个白痴,我一定是的”或者“我不喜欢这样做,所以我不做。”

(8)“应该”式陈述:用“应该”或“不应该”来苛求自己或他人。类似的用法有“必须”“应当”和“不得不”。

(9)贴标签:认定自己的缺点。如告诉自己“我是个愚蠢的人”或“一个傻瓜”或“一名失败者”,而不是说“我犯了个错误”。

(10)个人化和责备:你为某事责备自己,即使这件事并非完全是你的责任;或者你责怪他人,而忽略自己的责任。一旦识别出这些思维,来访者需要明确这些思维是如何再现的或何时出现的。通常这些思维自动发生,习惯成自然。

## 二、自动思维模式

如果人们感觉糟糕,那是因为他们使用了消极的方式来看待问题。正是这种思维使人感觉烦恼,而非事件本身。这种思维常常会不知不觉地自动产生,无论你是否健康。大多数时候,我们几乎不能意识到它们,但是经过一些训练,我们就能觉察这些(自动)思维,并在实际中进行改变。

教授来访者学习情绪 ABC 理论(Ellis,1962)会很有帮助。这可以使他们理解思维的作用。①A(Activating event)是代表实际发生的事件;②B(Belief)是代表你对事件的看法;③C(Consequence)代表这种看法产生的结果,包括情绪和行为。

唐·梅钦鲍姆(Don Meichenbaum,1994)建立了帮助来访者认识自己的自动思维模式。

1. 直接询问

这种方法即直接询问来访者困扰他们的想法和观念是什么。在访谈治疗中，这是最常见的方式。咨询师可以询问与会谈前、会谈中，或未来预期发生的事件有关的问题，并直接让来访者描述身陷困境时的想法。

“和她谈话时你有什么想法？”

“当时发生了什么事？我们现在讨论这件事时你有什么想法和感受？”

“当你设想明天同她讲话时，你会有什么想法和感受？”

也许有很多来访者难以回答以上的问题，因为他们可能感到措手不及。通常，自动思维并非意识层面的想法，而是与代代相传的行为、思维模式相关的。这种思维模式常常是来访者自动化的，甚至毫无察觉的。咨询师应设法把这些模式呈现到来访者的意识层面，使他们得以认识，这样来访者就能重新看待问题，由此重塑生活，这对咨询师来说是一种挑战。

在帮助来访者增强意识能力的过程中，那些聚焦于情绪的问题将会有所帮助。可直接询问：“你现在看起来（描述感觉，如生气、高兴、悲伤、狂怒……）。发生了什么事？”

“什么使你产生了这种感受？”

“当你有这种感受时，你是怎么想的？脑海中浮现出什么样的形象或画面？”

“当你那样说时，你感觉如何？”

再次强调，咨询师用亲近和安全的方式来表述这些问题是至关重要的。

2. 印象重塑

这种方法就是让来访者重新体验或回忆事件。首先要运用放松疗法，然后要求来访者仔细回顾事情发生的经过。事情可以是积极的或消极的。阿德勒心理学应用这种方法帮助来访者了解自己的行为模式。确切地说，所有的行为都是目标导向的，任何两种连续行为都是一种朝向目标的行动。这种方法可以帮助来访者认识（或了解）那些看起来毫无意义或者无关紧要的行为。来访者一旦学会这种方法，就能在必要时反复运用，从而对自己的思维及行为模式产生更深的理解，他们将明白行为的由来并非出于偶然，实际上是有固定模式的。

“确切地讲,她对你说了什么?”

“你是怎样做出反应的?”

“你能以同样的方式,准确复述出来吗?”

“当你回答时有何感受?”

“接下来她做了什么,说了什么?”

“你的反应是什么?”

3. 给出建议

有些来访者无法想起他们对事情的印象,那么给出建议将会有所帮助。咨询师请来访者对遇到类似问题的人给出建议。为了这样做,来访者不得不猜测别人的想法和感受。咨询师还请他们评论他人在这种问题和情况下的各种想法和感受。接着咨询师与来访者讨论如何处理这种情况,并探讨为了达到预期效果所需要改变的思维、情绪和行为。

4. 自我监控

咨询师可以教授来访者学会记录自己在困境中的思维、情绪和行为。这种方法不仅能提供有用的信息,还能帮助来访者通过做记录的方式来控制情境和生活。有些来访者很愿意坚持记录,还有一些来访者则较为被动。来访者将会明白日常记录的作用与治疗中的分析非常相似。通过独立完成记录,他们能增强自我效能感。来访者只需列出:①情景;②思维;③情绪;④行为和行动。

5. 处理思维和行为

首先,来访者要识别自己是如何加工信息的,这包括他看待事情的方式,比如选择性地关注信息(过去、现在、未来)。为了完成这项工作,来访者要演绎在其他情况下的想法和情绪。“你在其他哪些场景中有同样的想法和情绪吗?”然后,帮助来访者在实际生活中停止自动化思维,改变自我信息的内容。

## 三、快乐四步法

快乐四步法是一种综合使用识别过程的方法(Burns,1999),这种方法能用于各种问题。具体步骤如下。

(1)识别烦恼情景。帮助来访者描述感到烦恼的事情和问题,寻找使他们不愉快的人或事。

(2)帮助来访者识别负性情绪。帮助他们学会运用诸如忧伤、愤怒、挫败、焦虑、内疚和绝望等词汇,然后,让他们运用量表(1～100 分,1 分为最少,100 分为最多)评定负性情感。

(3)运用三栏技术。认识与情绪有关的负性思维。让来访者识别他们对自己说了哪些与问题有关的话。把这些想法写在自动化思维栏中,记录对每种想法的相信程度,并在 0(不相信)到 100(完全相信)之间进行评估。然后,识别这些思维的歪曲之处,在最右栏中用合理的观念替代它们,记录对合理想法的相信程度,并在 0(不相信)到 100(完全相信)之间进行评估。要确保合理观念是令人信服的,即要确保这些观念能够有效质疑自动化思维。

(4)让来访者评估(0～100 分)自己对每种自动化思维的相信程度。他们对其信任度很可能会大大降低。

每日情绪日志(见表 3－1)可以帮助来访者认识问题以及它的影响。

**表 3－1　每日情绪日志**

步骤一:描述让你感到苦恼的事情＿＿＿＿＿＿＿＿＿＿＿＿＿＿＿＿

步骤二:记录你的消极情绪,并对其进行量化评定(0 为最轻,100 为最重)。可以运用悲伤、焦虑、愤怒、内疚、孤独、绝望、挫败等词汇。

| 情绪 | 评定 | 情绪 | 评定 | 情绪 | 评定 |
|---|---|---|---|---|---|
| 1. | | 3. | | 5. | |
| 2. | | 4. | | 6. | |

步骤三:三栏技术

| 自动化思维 | 歪曲之处 | 理性反应 |
|---|---|---|
| 写下你的负性思维并评估对它们的相信程度(0～100) | 识别自动化思维的歪曲之处 | 用更现实的思维作为替代并评估对每种想法的相信程度(0～100) |

## 三、认知概念化

认知概念化图表如图 3－1 所示,认知概念化举例如图 3－2 所示。

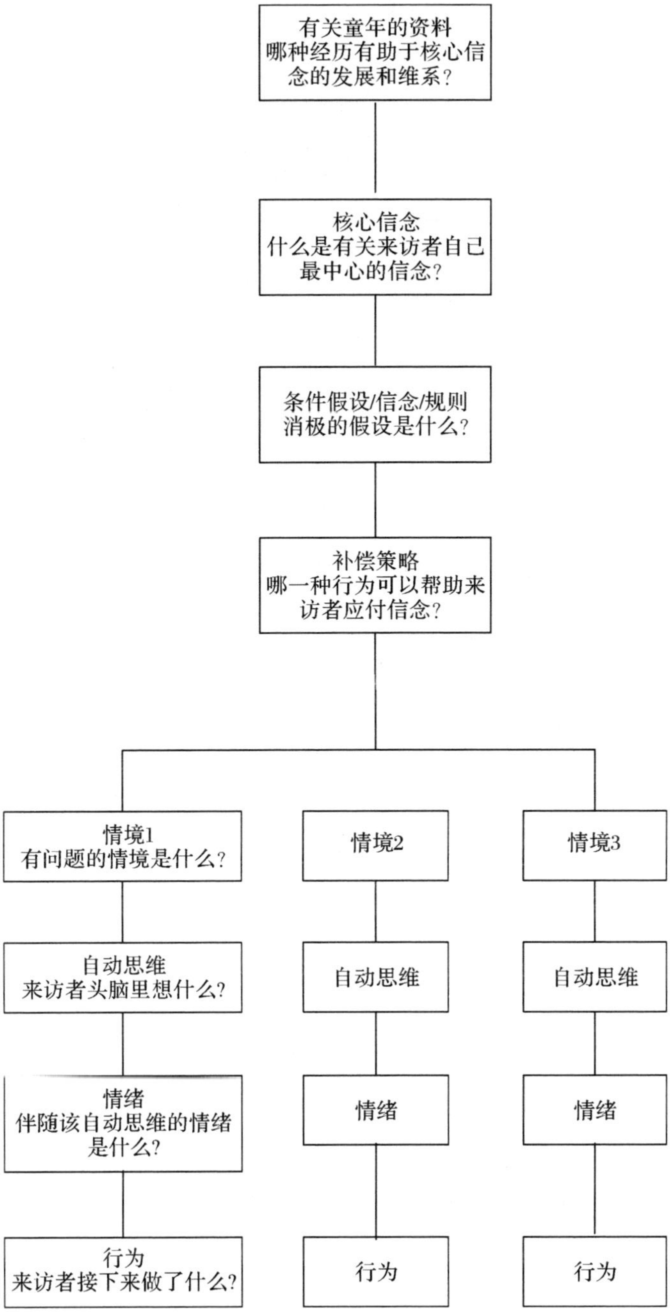
有关童年的资料
哪种经历有助于核心信念的发展和维系？
核心信念
什么是有关来访者自己最中心的信念？
条件假设/信念/规则
消极的假设是什么？
补偿策略
哪一种行为可以帮助来访者应付信念？
情境1
有问题的情境是什么？
情境2
情境3
自动思维
来访者头脑里想什么？
自动思维
自动思维
情绪
伴随该自动思维的情绪是什么？
情绪
情绪
行为
来访者接下来做了什么？
行为
行为

图 3－1　认知概念化图表

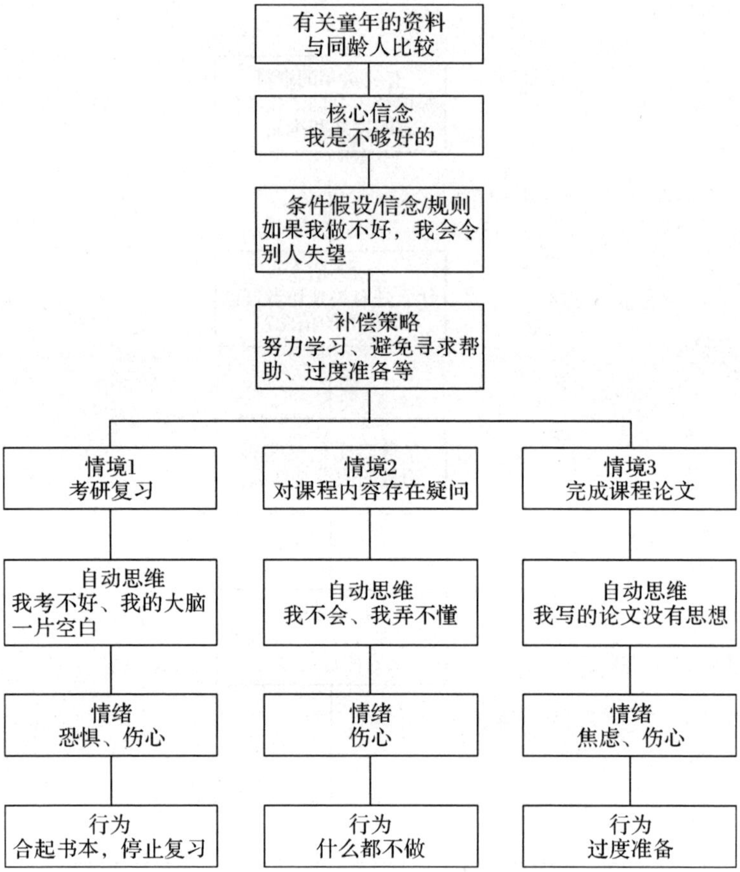


图 3－2　认知概念化图表举例

## 四、其他认知行为干预理论方法

1. 系统脱敏

系统脱敏是一种帮助个体应对焦虑情景的方法。它也可以用来帮助来访者处理过敏症。有的个体会对一种具体情景比较敏感，感到焦虑并试图逃避这种情景。脱敏是让个体在一种放松状态下回忆引发焦虑的情景，并使个体对引发焦虑的情景形成一种耐受性和免疫力。脱敏或暴露技术受到“顺其自然”技术的影响。通过这种技术，个体实质上是被暴露在自己的恐惧或焦虑中，这令他们湮没在不适症状中，一段时间后，症状的不适感达到顶峰,然后会慢慢减弱。随着症状的消失,来访者常常会感到愉快,而不再因被恐惧击败而感到羞愧和耻辱。该理论认为个体以前从具体场景中习得了焦虑反应。

这种方法的第一步是学习放松技术。肌肉放松很可能会减轻焦虑。放松技术就是建立在这一基础之上的。教授来访者学会放松是一项干预技术,往往非常有用。最常用的程序就是深度肌肉放松。在这个方法中,咨询师向来访者示范如何体验舒适感,闭上眼睛,然后系统地想象每个肌肉群,并教授来访者学会绷紧和松弛肌肉,以使紧张感离开身体。在这一过程中,咨询师要用平静的语调营造出一种安全的氛围。

一旦来访者体验到肌肉紧张和放松的区别,他就能很快进入放松状态。然后他可以学习运用呼吸和想象来进行放松。例如,让来访者缓慢地深呼吸,闭上眼睛,想象自己在一种非常放松的特殊意象或真实场景中,如海滩、草地、山顶等。

脱敏法在开始时要帮助来访者建立一个等级层次(一个压力递增的场景序列)。一旦建立了等级序列,咨询师就要运用任何有效的方法先使来访者放松下来,然后请来访者想象等级层次中最低一级的场景。当来访者已经完全进入想象时,请他继续集中精神进行放松。在压力逐渐递增的等级层次中,反复进行这个过程,使放松和场景联系起来。脱敏过程的速度取决于来访者在想象引起焦虑的场景时进行完全放松的能力。最后一步是帮助来访者在引起焦虑的实际场景中进行放松。来访者常常会对这种方法提出异议,认为他们的恐惧是有依据的。咨询师要使来访者认识到让自己的恐惧妨碍有效的生活是不理性的。有时,咨询师不能使来访者过快地暴露于恐惧场景,他们需要逐步接近引发焦虑的场景。这样,当他们过度焦虑时,他们就可以停下来,抽身而退。但最重要的一点是,要坚持挑战自己的恐惧,直至它们消失。

2.社交技巧训练

传统的心理健康服务遵循着一种为缺陷人群服务的模式。在这种模式里，咨询师探索个体的缺陷和内在冲突如何引起了他的不良行为，以此寻求解决的方法。现代的方法则更注重帮助来访者增强力量，寻求解决方法。它强调个体承担责任的能力和学习转变生活方式必备技巧的能力。来访者学习那些解决最迫切问题的技巧时，通常需要直接的帮助。有些技术（如决断训练、问题解决和沟通技巧）没有在此处被提到，但也很重要。社交技巧训练建立在几个假设之上。第一个假设是人际交往建立在一系列技巧上，这些技巧主要是习得的行为。因此，个体如何行动与他的社交能力有直接关系。第二个假设是社交技巧要针对具体的场景。文化和情境因素决定了社会规范以及个体在特定场景中的期待行为。最后一个假设是要想有效地运用社交技巧就需要不断地强化。换言之，社交技巧需要在社会情境中不断被应用，才能保持其有效性。

3. 决断训练

决断训练应该帮助来访者澄清他们的目标。人应有求，才能有得。在决断训练中，澄清目标是很重要的一部分，实质上是决断性行为的先决条件。为了澄清或了解目标，来访者可以每天记录自己难以表达的思维、情绪和行为。一旦目标变得清晰，来访者就要学习如何寻求反馈，对反馈做出反应，表达自己接受他人的观点。

阿尔贝蒂（Alberti）和埃蒙斯（Emmons）对决断训练提供了明确的指导。咨询师教授来访者学会如何在不侵犯他人的情况下维护自己的权益。训练的第一步是评估来访者的实际行为，然后共同识别来访者期望的反应或目标是什么。接下来，咨询师建立一种刺激场景，并在这种场景下向来访者示范新行为。最后，在把学到的新行为应用于现实生活之前，来访者和咨询师一起练习新行为。

4. 问题解决训练

这种训练包括 3 种必不可少的技巧：①接受技巧，即注意并准确觉察人际交往场合中的信号和线索；②加工技巧，即形成选择性的反应，衡量每种选择的后果并挑出最佳选项；③发送技巧，运用言语或非言语行为选择做出有效的社会反应。咨询师常常帮助来访者认识问题所在,并建立一种最佳的反应方式。来访者通常要在治疗会谈中练习新反应,认识并讨论潜在的问题与阻碍。咨询师可以鼓励来访者进行实景练习,并在下次会谈中报告练习的效果。

5. 沟通技巧训练

有效的沟通包括3个基本组成部分(Myers & Smith,1995):①使用易于理解的表达方式;②承担部分责任;③提供帮助。易于理解的表达方式,即将情感成分引入交往过程,尤其是共情。承担部分责任的交流表明来访者愿意承担引起或解决具体问题的责任。提高沟通能力的最后一种方法是努力提供帮助。这些共同表明了个体希望交流的愿望,而非只希望得到积极的支持。这将形成一种更少防御、更加开放的沟通方式。咨询师要认真关注来访者在治疗中的交流方式,以评估他们是否能够有效地发送和接收信息。

6. 示范和行为预演

行为预演也称角色扮演,可以帮助来访者学习新的交流方式。咨询师不是仅仅抽象地谈论或提问,还要付诸行动再现情景,形成可供选择的多种应对方法,使来访者学会新的行为。咨询师向来访者示范需要学习的行为,来访者观察成功的行为方式,并进行模仿。在学习行为或具体行动时,模仿和示范远比讨论情绪或思维更加有效。在行为预演中,来访者需要尝试将在现实生活中运用的一系列行为。治疗设置提供了一个练习新行为的安全氛围。通过不断地练习并获得激励,来访者就会有勇气掌握想象情境中需要的行为方式。

这种目标明确、行动积极并针对问题本质的治疗,能使抑郁和焦虑的患者减轻恐惧和无能感,此方法在治疗各种行为障碍时很有帮助。对于那些和认知有关的问题(如考试焦虑症、人际交往障碍),运用行为预演和示范的效果甚佳。由于这种方法强调学习而非精神病理学,因而得到了广泛的应用(家庭、学校、医院、社区或者其他工作领域)。

## 五、认知行为治疗在高校心理咨询中的应用

认知行为治疗作为以询证研究为基础的一种着重于解决当前来访者的症状或问题的疗法，其结构性强、疗程短等特点使之成为目前在国际上发展最迅速、最广泛的心理治疗流派之一。目前高校的心理咨询资源有限，通常来访者的咨询存在一定次数限制，且咨询问题多以个人成长或问题解决为主，而心理咨询的一个主要目的也是为了帮助来访者自主解决、处理生活危机及问题，达到“助人自助”的目的。因此，在高校心理咨询中应用认知行为治疗能够很好地兼顾到上述几方面的需要。

1.咨询师应能熟练掌握认知行为治疗的基本理论和技术

咨询师应能够对来访者进行准确而清晰的评估，选择有效的咨询方案，合理、有效地应用不同的认知行为治疗技术。这些都要求咨询师对认知行为治疗的概念化非常了解，且对技术操作有丰富的实践经验。

2.咨询师需注意对认知行为治疗的几个误区

(1)认知行为干预只关注来访者的症状，而不关注来访者及其童年经历，认知行为干预的着眼点始终在与来访者的主诉及症状、问题上，然而这并不是指认知行为咨询师就可以忽略来访者作为一个人的存在。至少有两个主要的理由要求认知行为咨询师对来访者本身应进行更深入的了解：咨询师除了收集来访者在日常生活中的自动想法外，还需概念化来访者的规则假设及其核心信念，而这些假设、核心信念、图式的形成，都与来访者的经历(特别是童年有重要影响的经历)有密切的关系。因此，了解来访者的重大生活事件有助于咨询师重塑来访者如何形成已有的信念、假设；任何心理咨询都是建立在信任、安全的咨访关系的基础之上的，这也意味着咨询师需要将来访者作为一个独特的人对待，而非仅仅是“症状的携带者”。良好的咨询关系还能更好地激发来访者的改变动机，促进治疗效果。

(2)认知行为干预确实发展了很多可供使用的技术，但这些常见的技术并不是咨询师所能应用的全部。事实上，认知治疗的核心并非技术，而是在

于从认知行为的视角对来访者、个案进行概念化的过程。通过概念化，咨询师对来访者及其症状获得全面而深入的认识，再根据概念化来确定治疗的目标，并进一步选择不同的咨询技术来达到该目标服务。

# 第三节　人本主义理论

## 一、人本主义的理念和观点

美国人本主义心理学会曾经发表过一份共同宣言，该宣言提出了人本主义心理学今后的努力方向。它能反映出人本主义心理学共同的理念和一致的观点，主要有以下几个方面。

(1)在研究人的心理时，经验者的个体才是应该关注的焦点，即心理学应该把个体的内部经验作为首要的也是重要的研究对象，而那些抽象的理论和外显的行为不能成为心理学研究的主要对象，因为它们对于人及其经验来说并不十分重要。

(2)对人之所以为人的独有的特质，如自由选择、创造性、价值观、自我实现等，必须予以特别的重视。同时，对那些用简单的、机械的观点和方法来研究人的做法必须持反对的态度。

(3)在需要对有关问题及其解决途径进行判断和选择时，人们必须特别关注它们对人的存在和发展具有什么意义。在心理学研究和心理咨询方面，对那些把客观性视为至高无上、同时置有意义的人的经验于不顾的观点和做法必须坚决反对。

(4)心理学的终极任务和崇高使命应该是提高人的自身尊严和内在价值，所以心理学应该研究人丰富的情感世界和如何发展人的各种潜在的能力。

## 二、人本主义的人性观

人本主义心理学把人性置于心理学研究的核心地位，非常重视人性的研究。若干个对人性较为一致的看法构成了人本主义心理学运动的重要基础,其内容主要包括以下几个方面。

1. 人性“本善”非“本恶”

众多人本主义心理学家对弗洛伊德的性恶论持有明确的反对态度。他们认为,弗洛伊德完全专注于人性的黑暗面,而不考虑人性感、自由和尊严。他们坚信,人类有机体有能力进行自我指导,能够对自己的存在方式负责。人在自我实现动机的驱使下,只要提供了适当的成长和自我实现的环境与机会,人性就能不断地向着积极、健康、向上的方向发展。

值得一提的是,人本主义心理学家罗洛·梅(R. R. May)对人性持有较为辩证的态度。在他看来,人性中善与恶兼而有之,其中最美好的与最糟糕的、快乐与痛苦、善与恶、幸福与悲哀都是相互依赖、相互联系的。他说:“生命是善与恶的混合。……它包括获得善,但又不和恶相分离。”罗洛·梅对人性的辩证看法并依此来观察人生的发展是颇有见地的。

2. 人性的显著特点是“持续不断地成长”

人本主义心理学家认为,人是一种“正在成长过程中的存在”。在人生的全程发展中,人的内在动机不断导引着人的行为、导引着人的自我结构趋向完善。奥尔波特(G. W. Allport)认为,个人的动机有一个不断发展的内在组织,它由人的当前意识所决定,不断改变着诸如志向、价值观、计划和希望之类的自我结构的要素,并指导着人未来的前进方向。又如,罗杰斯认为,每个有机体都带有某种方向性的形成倾向,人的内心深处都有一种想保存、提高和再造自己的倾向,都希望摆脱外界控制而独立发展,都想成为自我支配的,甚至超越自己的人。

总之,人本主义心理学家们相信,人性之所以是发展的,是因为“持续不断地成长”是人性的显著特点,是由于人所追求的自我完善和实际上的不完善之间有一种永久的紧张。这一特点促使人会不断地发展和完善自我。这样,自我实现便成为人生永恒的追求。

3. 人能“自主”地“自我选择”

人本主义心理学家们认为，为了能通过成长过程而达到自我实现的境界，一个人必须认识到自己的最终责任。然后，一个人必须通过自己的不懈努力，克服自身的各种不足和现实生活中的种种限制，去发展和完善自我。在这个过程中，一个人必须自主地作出与自己个体状况相吻合的选择，而人是愿意也能够做到这一点的。通过这样自主的自我选择，人就会成为一个“功能得到完全发挥的人”（罗杰斯），一个“在功能上自主的人”（奥尔波特），一个“其自我必须是自动整合的和实现的人”（马斯洛），一个“必须有一种自我觉知感和核心感的人”（罗洛·梅），一个“真实的存在着，能自由地投身于自己选定的存在中心的人”（布根塔尔）。

## 三、以人为中心疗法中的咨询目标

### （一）总体目标

罗杰斯相信，人的心理机能活动具有整体性，是一个通体相关的组织系统，任何一个部分的变化都会涉及整体，应从整体变化去了解部分的变化。因此，以人为中心疗法不是问题解决模式，其着眼点在来访者而不是来访者的问题，它不以特定的策略、手段去追求某个问题的可以观察到的改变，即咨询目标一般不为某种症状的缓解，而是整个人的改变，使个体达到深程度的独立和整合，使来访者能更好地解决他们目前甚至是将来面临的问题。

人本主义的咨询目标是使来访者更好地认识自己的经验和自己的成长，从而变成平等的自我接纳的人，一个“充分发挥机能的人”，学会接纳现在的自己，学会对自己负责，并且能够通过这种关系感到自己是一个自由人，以获得对自我的更深理解。

以人为中心疗法将咨询的基本目标界定为“去伪存真”。“伪”就是一个人身上的那些与其价值条件化了的自我概念相一致的，或者说由这些自我概念衍生出来的生活方式——思想、行为和体验的方式。“真”就是一个人身上那些代表着他的本性，属于他的真正自我的思想、情感和行为方式。罗杰斯常用“变成自己”“从面具后面走出来”来表达以人为中心咨询的目标。在本章个案中,来访者多次提到自己“不像以前的自己”“迷失了自己”“找不到了自己”等。咨询的根本目的是提供一种可以帮助个体成为一个全面的人的气氛,在来访者达到这个目标之前,他们首先要卸掉在社会化过程中所形成的面具,来访者会意识到假相让他们失去了与他们自己的联系。咨询期间在一种安全的气氛下,他们能够意识到其他可能性的存在。咨询提供的是一个来访者表达自己所不能接受的恐惧、焦虑、罪恶感、愤怒和羞耻等感受的机会。当咨询进行顺利时,他们将能更好地接受自己和他人,并能创造性地表达自己。在咨询过程中,通过对自己负责和自我探索,他们将以新的方式体验自己,从而使个体更深入地了解自己和积极地改变。随着自我探索的实现,最深层次的人格被挖掘出来,而且是真实的。

### (二)具体咨询目标

#### 1.来访者对经验更加开放

来访者的防御戒备和僵化的态度在咨询中开始消失,以更加开放的态度对待自己的经验。他们变得更易于了解源于自身机体内部的情感和态度,同时变得更能认识周围的客观现实,而不是以先入为主的态度一味硬套。他们可以从新的环境中获得经验,而不是曲解存在,使之符合早已持有的模式。来访者意识到自身的一些新经验,虽然机会可能出现,但直到他在一种接纳的氛围中体验到一种自己一直否认的经验时,他才能尝试着把它作为自身的一部分来接受。

来访者察觉自身更深层次的信念和情感,能够表达他的恐惧、焦虑、害羞、愤怒以及其他一些否定以致自己不能接受,且无法与其人格保持协调的情感。来访者会慢慢地发现在自我中隐藏起来的一些方面。在一开始,来访者是拒绝这个转变的,当他感到自己被理解和被接受的时候,就会降低心理防御,敞开心扉,共享体验。因为他们不再感到受威胁,觉得很安全,能更为现实地看待他人,理解和接受他人。

2. 来访者对自己更为信任

机能充分发挥的人倾向于接受从所有方面得到的信息，在行为选择的决策过程中，不仅依靠意识、理性，而且信任自己的直觉，把体验作为最高权威，“去做‘觉得对’的事情，结果总是证明这就是有效又可靠的行动指引，而且也是真正令人满意的行为选择”。来访者应越来越深刻地发现自己机体的可靠性，认为它是一个最好不过的工具，因为它能够在任何新的环境下找到最恰当的行为方式。他对自己常常是复杂而矛盾的情感和对冲动了如指掌。他能够自由地感知社会的要求，无论是相对僵化的“法令”，还是朋友和家庭的愿望。他能够回忆起曾有过的类似情景，以及自己在那时的不同行为所导致的后果，他对这种复杂的生活情景具有比较准确的认识。他可以让他的机体组织和意识较好地共同考虑、权衡和比较各种刺激、需要和要求，以及它们各自的重要性和紧迫性。通过这种复杂的权衡和比较，他可以找到在这一特定情景中能够最大限度满足他的全部需要的行动途径，既包括长远的需要，也包括近期的需要。

在这种斟酌权衡某一特定的生活选择所包含的各种因素时，人的机体组织并不是一贯正确，有时也可能做出错误的选择。如果人们对自己的感性经验常常持开放的态度，一旦出现令人不满的后果，便能立即意识到，并迅速进行修正。这可能有助于我们认识到这样一个事实，即我们大多数人不能正确估量和权衡所面临的选择，这主要是因为我们常常把某些不属于自己经验的因素考虑在内，同时又把某些经验以内的成分排除在外。

3. 来访者的决定更多出自个人内心的评判

当一个人由于咨询而正在向真正的人转变时，他的另一个独特倾向表现在他的选择、决定和价值判断的根源和出发点上。他越来越感到评价的基点存在于自身内部，因而他逐渐不再寻求他人的赞成或否定，不再依赖他人提出的生活标准，也不再依靠他人来帮助自己做出决定和选择。他会体会到那种成为有自己特点和有责任感的人所得到的力量，以及伴随着他所承担的责任而同时产生的烦恼和不安。

4.来访者愿意接受变化的过程

当来访者刚进入咨询关系时,他们总希望达到某种固定的状态,他总想触及能解决问题的关键。在咨询后,他们常常会放弃这些一成不变的目标,愿意接受这样一种认识:他不是一个固定僵化的实体,而是一个变化的过程。

在确定咨询目标时,还有一点比较重要,那就是目标来自来访者,而不是咨询师。来访者在深入地理解自己的各种情况后,能坦率地承认自己的体验和确认"这样才是一个真正的自己",并接受别人。目标应以自我指导的方式为转移,而不是过多地考虑取悦他人和符合他人的期望。由于这是自我指导的结果,咨询师并不为求助者选择咨询目标,而是助长一种咨询的氛围,来访者因而能自我关注,更加自我完善。

## 四、以人为中心疗法中的咨询关系

以人为中心疗法非常重视咨询关系,罗杰斯曾经指出:"咨询的成功主要并非依赖咨询师技巧的高低,而依赖于咨询师是否具有某种态度。"他还将咨询师与来访者的关系称为"使个性改变的必要条件和充分条件"。1957年,罗杰斯在《治疗性人格改变的充分必要条件》一文中提出,咨询师应以真诚、无条件积极关注和共情的态度对待来访者。他认为,咨询师的主观态度影响着咨询关系的质量,而咨询关系对来访者人格的改变所产生的影响远远大于咨询师所采用的咨询技术的作用。人具有无须咨询师的直接干预就能了解及解决自己困扰的极大潜能,只要能将这种潜能投入咨询关系中,人就能向自我引导的方向成长。

以人为中心疗法咨询关系的基本特征如下:

(1)咨询师与来访者有心理上的接触。

(2)来访者大多陷入一种无助、焦虑与混乱的心理状态。他们也常常会以歪曲的认知方式认识自己,来保持自己的自我概念。

(3)咨询师处于一种真诚、和谐的状态之中。在咨询关系中,咨询师既是一个真实的个人，又是一个专业的咨询师，咨询师作为一个真诚、和谐的个人投入咨询过程，本身就为来访者提供了一种人生示范作用，具有咨询的功能。

(4)咨询师对来访者产生一种无条件的尊重与接纳，当咨询师对来访者产生这种无条件的尊重与接纳时，咨询的效果就会随之出现。

(5)咨询师对来访者产生共情，不再从自己的立场和观念看待对方。

(6)来访者能够体会到咨询师对自己的尊重和共情。

## 五、以人为中心疗法中咨询师的功能与作用

以人为中心疗法的一个突出的特点，就是咨询师确信来访者具有自我决定的能力。其他学派的咨询方法大多靠的是咨询师的专业和权威，在以人为中心的咨询中，咨询师要有意识地完全摒弃和避免对来访者的控制或替他们做出决定。这样才能够使他们真正地把握自己，找到解决问题的有效途径，找到关键问题并做出决定，承担起使这些决定起作用的责任。从策略上来讲，这些都需要真正以来访者为中心才能达到。这是一种深层次的价值观和哲学观，这种哲学观认为，来访者最了解他们自己，他们比其他人都更清楚自己需要什么，他们是可以信任的，是具有自我引导能力的，咨询师应当接受和尊重他们的信念和感受。

1. 咨询师为非指导性角色，是来访者发生转变的“助产士”

罗杰斯认为，来访者有积极活动的资源，不用咨询师扮演主动的、指导性的角色。咨询师帮助来访者进步的最基本前提是咨询师在场，并主要专注与来访者的关系。咨询师应与来访者保持同感并建立真诚的关系，且咨询师乐意更深切地关注来访者，以理解来访者的内心世界。咨询关系提供了一个来访者自我治愈能力活动的支持结构，“来访者就像有特殊治愈能力的魔术师，咨询师搭建舞台并作为助手提供魔术表演的条件”。相信来访者具有自我决定的能力，会对咨询师和来访者之间的关系产生关键性的影响。罗杰斯曾经说过：“正如我们设想的那样，以人为本的观点对于改变咨询师与求助者之间的关系起着至关重要的作用。咨询师不是来访者转变的启动

者,他们要成为这种转变的'助产士'。咨询师要把最终的决定权交到来访者自己的手中,小到纠正咨询师理解中的错误,大到决定自己生活的方向,都要由来访者来决定。如何进行评价,如何做出决定,决定权都要明确地交到来访者手中。"

在以人为中心疗法中,咨询师的作用在于他们自己的行为方式和态度,而不在于能提供给来访者怎么做的技巧。以人为中心疗法的研究显示,是咨询师的态度而不是他们的知识、理论、技能促使来访者改变,最根本的是咨询师把他自己作为来访者改变的工具。当他们面对来访者就像平常的人与人那样面对时,他们的"作用"就没有任何作用。正是咨询师的态度及其对来访者的内部资源的信任创造了成长的咨询气氛。

咨询师的作用就是在场并让来访者感到容易接近,并注意来访者当时的感受,这样来访者才有必要的自由去面对他们生活中那些被意识思想否定和歪曲的部分。在指导性咨询中,咨询师会提出很多非常具体的问题,对于这些问题,咨询师会提供信息、给出解释和特定答案,并告诉来访者应该如何去做才能达到转变的目的,还通过证据和自己的影响力来保证来访者按照要求去做。与此相反,在非指导性咨询中,咨询师大部分时间是在听来访者讲述,通过一些特定的技术来帮助来访者,使他们能够认识、理解和说出自己的情感、态度和反应模式。

2.非指导性,但并不是毫无作为

以人为中心疗法,采取的是非指导式的方式,但并不是毫无作为。咨询师在非指导式咨询中的角色就是被动的且采取放任自流的方法,有的咨询师有让来访者自我指导的愿望,倾向于听而不是引导,试图避免把自己的评价强加于来访者,认为对来访者能力的信念最好通过被动性来体现,就采取最少的主动性、最少的情感反应,试图"置身事外"。被动性与表现出来的兴趣缺乏和非卷入会被来访者感觉自己被抛弃。其实,放任自流的态度无论如何都不会提示来访者,他被当做一个有价值的人看待。因此,咨询师如果仅仅扮演一个被动的角色、一个倾听的角色,也许对有些迫切需要情感宣泄的来访者有支持作用,但在大体上他的咨询效果会是最小的,且很多来访者会离开,既因为他们为自己未能得到帮助而沮丧,又因为咨询师没有给他们提供什么帮助而烦闷。

咨询师的任务并不只是使来访者的感受得到澄清和客观化。然而,这种观念似乎只关注咨询的过程,只有咨询师知道来访者的感受是什么。这对来访者缺乏深层的尊重,容易让来访者感到咨询师似乎是在观察自己所做的一切,会让他们感到内心有情绪,曾有来访者表达过"当我感觉到她的老鹰眼看着我的时候,我立即感到心烦意乱。"也就是说,来访者容易感到"我在被诊断"。

## 六、人本主义的价值观

1. 罗洛·梅的存在主义价值观

罗洛·梅在许多著作中都对价值观问题做过阐述。在他看来,价值观是理解人类本性的基础,它是从人性的理性和非理性水平、意识与潜意识水平中产生并发展的。从这个意义上说,价值观并不是理论推测的产物,而是在投身于自我选定的价值中心过程中作出的主观选择。罗洛·梅认为价值观的心理功能主要表现为,要求人们意识到自己的身体和情感,能够鼓励人们坚定人生的信念,促使人们勇敢地负起责任和面对焦虑。因此,人正是运用价值观来作为评价人类和自身存在的标准。

2. 马斯洛与罗杰斯的自然主义价值观

马斯洛和罗杰斯认为,面对当今时代人的道德水准下降的现状,唯一的解决方法是找到一种不依赖于人的主观价值的"真正有效的道德系统"。在那些"最完美的人"和身心健康的人身上即自我实现者的人身上,这个系统上的价值观会自然地表现出来。因此,自我实现者的人性、能力和价值观可能是最高级的、是超越整个物种的自然价值观。用这种价值观组成一个具有普遍意义的道德体系,就能解决我们这个时代各种复杂的价值问题。用这类价值观取向来指导、控制和改变人类的生活,就会促使社会向着健康的方向发展。

3. 奥尔波特的现象价值图式

奥尔波特认为，人格有一个自我，这个自我按照它的意向参与了有机体的组织和那些能影响其命运的事情。这个指导人格的意向就是价值图式，它是人格组织的基础。因此，研究个体独特的价值图式及其具有的普遍意义，就应该是心理学研究的一个重要任务。在此基础上，我们可以用这种具有普遍性的价值图式来理解人格和指导人类的生活。

## 七、马斯洛的自我实现心理学理论

1. 需要层次论

需要层次论是马斯洛理论体系的出发点。他认为，人的需要具有类本能的属性，从低到高按层次可以分为五种，分别是：生理需要、安全需要、社交需要、尊重需要和自我实现需要。生理需要，也是级别最低、最原始、最具优势的需要，包括食物、水、空气、性欲、睡眠、健康等，与维持个体生存和种族发展有关，要求优先获得满足。安全需要，同样属于较低级别的需求，其中包括人身安全、生活稳定以及免遭痛苦、威胁或疾病等。社交需要，属于较高层次的需求，如对友谊、爱情以及隶属关系的需求。尊重需要属于较高层次的需求，如成就、名声、地位和晋升机会等。尊重需要既包括对成就或自我价值的个人感觉，也包括他人对自己的认可与尊重。自我实现需要，是最高层次的需求，包括针对真善美等至高人生境界获得、个体潜能得以发挥并获得自我实现的需要，是在前面四项需求都能满足之后所产生的一种衍生性需求。

马斯洛指出，基本需要是高级需要的基础和前提，只有低层次的基本需要获得充分满足，较高级的需要才会出现；五种需要像阶梯一样从低到高按层次逐级递升，但次序并非完全固定，也可能存在例外情况；五种需要可以分为高低两级，其中生理需要、安全需要和社交需要都属于低一级的需要，这些需要通过外部条件就可以满足；而尊重需要和自我实现的需要是高级需要，需要通过内部因素满足；各层次的需要相互依赖和重叠，高层次的需要发展后，低层次的需要仍然存在，只是对行为影响的程度大大减小。

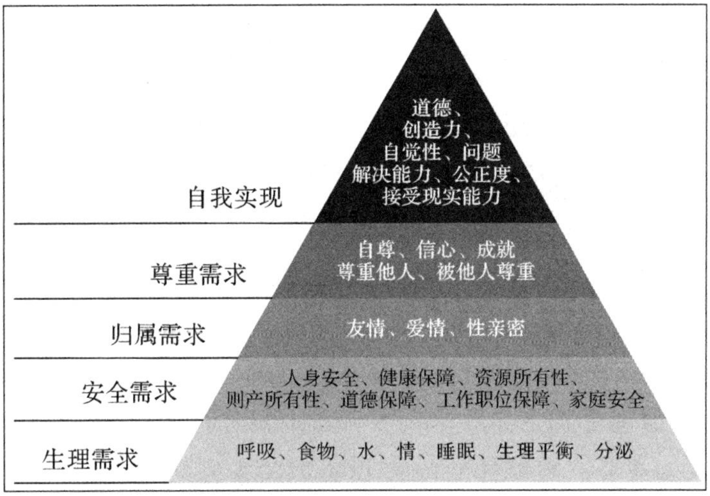


图 3-3 马斯洛的需要层次理论

2. 自我实现论

马斯洛认为，自我实现是指个体的各种秉性、才能和潜能在适宜的社会环境中得以充分发挥，实现个人理想和抱负的过程，也是指个体身心潜能得到充分发挥的理想境界。个体的人格倾向性就是追求未来的最高成就。自我实现有两个标准：最大限度地发挥自己的先天禀赋和潜能，极少出现不健康状态、精神病和能力缺陷。马斯洛通过广泛调查发现，自我实现者具有15种人格特征：准确全面且客观地认知世界；认可自然、他人和自己；表现出自发性和单纯性；以问题为中心而非自己为中心；有独处和独立的需要；自主而不依赖环境；能欣赏生活，抱有好奇心；比一般人有较经常的高峰体验；关心认同社会和他人，有强烈的同情心；能发展与他人的亲密关系，但深交有选择；具有强烈的道德感；具有民主的性格和态度；富有哲理和幽默感；富有创造性；不屈从权威，具有自主性。

自我实现是我们追求的理想人格，通向自我实现有八条途径：无我地体验生活，全神贯注，忘怀一切；作出成长的选择；承认自我的存在，让自我显露出来;诚实而不要隐瞒;倾听自己的兴趣、爱好和冲动,有担当;勤奋而努力;设置条件,使高峰体验更可能出现;识别自己的防御心理,并有勇气放弃这种防御。

3. 高峰体验论

当个体达到自我实现状态时,往往会"感受到一种发自心灵深处的战栗、欣快、满足、超然的情绪体验",马斯洛把这种感受称之为高峰体验。这是一种从未体验过的兴奋与欢愉的感觉,那种感觉犹如站在高山之巅,获得的愉悦虽然短暂,但却可能尤其深刻,甚至是用语言无法表达的。也就是说,高峰体验就是指人们在自我实现过程中,基本需要获得满足后,达到自我实现时所感受到的短暂的、豁达的、极乐的体验,是一种趋于顶峰、超越时空、超越自我的满足与完美的体验。高峰体验由两个心理成分构成:情绪体验成分和认知成分。高峰体验与自我实现关系密切。首先,高峰体验是自我实现达到时个体经常出现的一种身心高度协调的状态;其次,高峰体验是迈向自我实现的必经道路。

## 八、以人为中心疗法在高校心理咨询中的应用

在咨询中,咨询师做的事情是:倾听,建立关系,共情式理解,给予无条件的关注,慢慢让他从"面具"后面走出来。在咨询过程中也会出现很多反复,咨询师也体验过挫败,但继续坚持真诚、共情、无条件的积极关注,最后取得了比较好的咨询效果。

强调积极地倾听。倾听指的是不仅能耐心细致地认真倾听,而且能真正地理解来访者,不仅听懂他的问题,还理解他的思想、体会他的情感。积极倾听能让来访者感觉被关注、被理解,因为积极倾听传达给来访者的信息是"你所说的很重要",因此来访者会感到自己的重要性,从而恢复自身的价值感。

以人为中心疗法的应用原则与注意的问题。

(1)在以人为本的咨询中,咨询师常常会遇到的情况是,自始至终地坚持共情、真诚、无条件地积极关注是非常不容易的,时常会受到挑战。随着咨询的进展,在咨询关系让来访者没有完全感到安全时,来访者会不停地试

探(如告诉咨询师自己多么没有价值、多么自私、多么粗鲁、有很多的缺点等),也可能在咨询中用行动来呈现(如故意说话充满挫败或挑衅,故意让已经改变了的不好的行为重新回到生活中等)。他们想知道,这样的自己是否还能被接纳。因为在他们过去的经验里,他们如果这样做就会被抛弃,他们不相信自己是可能被人爱的。所以他们急着要拆穿咨询,证明咨询师是在欺骗,“咨询师不可能爱我,只是为了咨询需要,装作爱我的样子”。这时,咨询师坚持用同样的温暖和支持性的态度去对待来访者就充满了挑战,但就是这样的坚持才会起到“神奇的作用”。

(2)以人为本的咨询较排斥评估,认为诊断和评估的过程是将评价的权利赋予专业人员,这会增加来访者的依赖倾向,使他感到理解和改善其状况的责任在另一个人。当来访者感到评价的责任都在咨询师手中时,他会进一步远离咨询过程。如果评价的结果让他知道,就会导致他的自信丧失,沮丧地认为“我不知道我自己”。当来访者相信只有专业人员才能准确评价他时,他的个体感会有一定程度的丧失,会认为他的个体价值的标准在另一个人的手中。这种感受越强,他就越远离有效的治疗和任何真正的心理成长。以人为本的咨询排斥评估和诊断主要的意义在于不要把来访者标签化、疾病化。但是,高校心理咨询涉及学校管理,所以需要对来访者做出评估。比较严重的精神疾病(如发作期的精神分裂症)有可能危害他人。这时,咨询师需要对来访者做出明确的评估,以进行下一步处理。这是对来访者自身、对其他人的安全负责。对一些有严重心理障碍的来访者,咨询师可以将其作为咨询对象,但这对咨询师的专业能力要求极高。面对症状或来访者极高的期待,咨询师要始终做到理解、接纳、共情,否则咨询师就会有受挫感、无助感和失控感。

罗杰斯心理咨询的思想广泛地融入了现代心理咨询,在现在流行的整合主义、折中主义中,大量关系的建立以及对于人的力量的信任,都有罗杰斯的一些理论的影子。罗杰斯的很多理论概念已经融入日常心理学术语,如“共情”“平等”“无条件积极关注”等,这些概念被各个流派咨询师采用。

(3)以人为中心疗法适合什么人,适合什么团体,这并不是需要着重考虑的事情,因为临床经验证明,这种疗法并不会对来访者造成伤害。使用这种疗法后，来访者离开时不会比他来时更加困扰。在绝大多数情况下，即便是来访者感觉咨询不太成功，他也不会因为失败而对他的问题更加烦恼。这是很基本的，因为这种关系没有任何压力；也就是说，只有那些不是很有威胁、不是很难承受的体验才会浮现到意识中。来访者在那些太危险、太难面对的主题前会退缩。

(4)以人为中心疗法的适应性非常广泛，在某种程度上它对所有人都是适用的。接纳、尊重、深刻理解的氛围，对个人成长是很好的。它也可以对我们的孩子、我们的同事、我们的学生使用，就像对我们的来访者使用一样，无论他们是“正常”的、神经症的，还是精神病的。但这不意味着它可以治好每一种心理障碍。对有些个体来说，医院咨询是有必要的，而在心身疾病的时候也会用到很多医学手段。但是以人为中心疗法所创造的心理氛围是个体能用来加深自我理解的机会，是为了发展更舒适和更成熟的行为方式的机会——不是一个某些人可以使用、某些人不可以使用的机会，而是一个在基本上对所有人都适用的观点，虽然它不会解决所有的问题，不会满足所有人的特殊需要。

## 第四节　格式塔疗法

格式塔疗法是由 19 世纪流行的存在主义导引出的一派心理治疗法。当时的思潮鼓励人们思考自己当前的存在，并探讨自己对个人存在具有绝对力量的可能性。珀尔斯(Perls)是此派的创始人，他曾接受心理分析学派的训练，后来又接触戈尔茨坦(Goldstein)与完形心理学(又称格式塔心理学)，最后终于在存在心理学中找到安身之所。珀尔斯尝试将理论建基于完形心理学，并统合心理分析理论、语义学和哲学，发展出完形治疗理论。

存在主义所讨论的是人如何去体验自己当前的存在，而珀尔斯的格式塔疗法是关心人如何去知觉自己当前的存在。在他的理论中，最主要的假设是每个人都可以成功地处理自己人生的问题与困难，但由于人往往倾向于逃避面对自己，所以人生中往往有许多未完成的事情，以致影响了当前的存在。因此，在治疗过程中，咨询师主要的任务是协助来访者了解自己一向逃避与拖延的态度，进一步在咨询师的鼓励下，清楚自己当前的存在和要经历的挣扎。由于来访者在这个过程中不单是谈论挣扎，而且在咨询师的协助下，他们有机会亲身经历种种的矛盾与冲突，故此个人的自觉领域就会因此加强，而行为的改变也会随之出现。

## 一、咨询目标

格式塔疗法最基本的观念就是“完形”，是指任何一个人、一件物品或一件事，都要整体地看待；若我们只研究其中一部分，就绝对不可能明白事物的全部和真相。而完形治疗派的学者发现，人类最大的问题是往往将自己分割得支离破碎，人们在这种残破的境况下生活，以致出现了很多矛盾、冲突和痛苦。故此他们认为咨询的主要目标是要协助来访者重新成为一个统合的个体。换言之，是将他们过去已失落或否认的部分重新组合，以使他们可以均衡、快乐地生活。在治疗过程中，治疗的重点不在分析，而在统合。咨询师逐步协助来访者改进，直到他有力量来促进自己的成长为止，即在治疗过程中，咨询师同时也协助来访者从“环境的支持”转变为“自我支持”。珀尔斯相信一般人在实际生活中只运用了个人的部分潜能，加上缺乏自信，他们认为自己没有用、能力不足，要依赖他人。所以他认为完形治疗的目标应该是令来访者不再依赖他人，而且进一步协助他尽早发现自己的潜质，让他了解人是可以自我调整的，可以在人生中采取主动的，好让他能够做更多的事，更丰富全面地生活。

格式塔治疗的另一个目标是指导人不要委屈自己来对社会作出适应。故此，咨询的目标是要协助来访者了解自己是在寻找个人与周围环境的协调与和谐。来访者要学习相信自己是有所需要的，这些需要应该被尊重，不应为了达到适应而控制这些需要。完形治疗学者认为，正确的处理方法是要设法满足这些需要。在咨询过程中，来访者焦虑的表现通常被视为需要未获满足的反映，而咨询师就会利用来访者的沮丧情绪来协助他们更加清楚自己的情况。同时，在这个过程中，为了要协助来访者有更高的自觉，咨询师会将焦点放在来访者焦虑的事件上，甚至有时还会加强这种感受来达到预期的目的。而这个过程对来访者来说往往相当痛苦与沮丧，但结果却可以促进个人的成长，十分宝贵。其实，促进来访者的自觉是完形治疗法最基本的目标。完形治疗派学者相信，自觉本身是具有治疗功能的。来访者没有自觉时，他们就欠缺性格改变的工具。相反地，来访者有高度自觉后，他们就有能力去面对和接纳过去自己所否认的事物，有能力去真正接触自己的主观经历，有勇气去面对现实。

## 二、人性观

基于珀尔斯的理论背景，完形治疗派对人的看法是根源于存在主义哲学和现象学的。其中主要的观念与取向包括扩张人的自觉、接纳个人的责任、致力于人的协调统一和探讨自觉受阻的因果等。珀尔斯相信人类个体的运作是整体性的，故此他极力反对将人分割来看。在他的眼中，健康的人就是那些整个人的各部分都配合得很好，有适当的平衡和协调的人。由于他相信我们要整体性地看一个人，故此，他也认为我们不应该将人抽离了他所身处的环境来看。至于人与环境的分界，根据珀尔斯所言，只是皮肤之外和皮肤之内的分别而已。他在谈及自我界限时，用“认同”和“疏离”两个成分来作出解释。他认为当一个人能对自己的家人、朋友及专业等有所认同时，他不但会在自我界限之内经历到爱，同时也会感受到合作、团结和归属感。相反地，当一个人感到与自己的家人、朋友和事业等都疏离时，他就会有陌生孤单的感觉，而冲突和不安就会随之出现。

格式塔理论的一个基本观念认为，在人生中，社会性生存和生物性生存之间往往产生许多的冲突，令人长久陷于矛盾与挣扎中。而太多人尝试要超越实现自我，要进一步达到社会的要求，结果就因此被许多极难做到的“应该”和“必须”害苦了自己。

格式塔疗法是要协助来访者恢复自觉，同时也设法改善来访者内在分裂的情况，以求达到统整合一。这是基于此派的学者相信人有能力承担个人的责任，有能力过一个统合、丰富的人生。来访者在成长过程中出现了不少问题和困难，逐渐形成了逃避的习惯，阻碍了个人成长的进程。所以在治疗过程中，咨询师就要作出适当的干扰，同时向来访者挑战，要他面对自己的困难和挣扎，要他清楚阻碍成长的原因。在完形治疗过程中，这部分极其重要。因为格式塔派学者相信来访者获得新知识及有较强的自觉后，个人的统合和成长就会产生。

## 三、格式塔疗法在高校中的应用

格式塔疗法在高校心理咨询工作中也很常见。咨询师很主动，用很直接的方法来促进来访者对自己整个人的自觉。格式塔治疗并不注重过去与将来，只重视现在。在咨询过程中，焦点是来访者个人当前的情况与经验。因为格式塔派学者认为，过去只不过是一种记忆，除非与来访者当前的情况有关，否则就毫无意义。同时，他们以为将来只不过是人的幻想。因此，在他们心目中最重要的莫过于现在。

由于格式塔派的理论基础是把人看作一个整体，故此咨询师很注重要将来访者整个人带进咨询过程中，其中包括人的理性、情绪和生理层面。此外，此派学者强调，在辅导过程中，来访者的许多身体语言是极有意义和不容忽视的部分。例如，来访者的坐姿如何，他是否常常紧握双手，身体松弛抑或缩作一团；说话的声调是愉悦抑或悲伤沉痛，说话的速度是否过于缓慢；衣饰是否整齐，还是过分夸张，与身份不符。种种的身体语言，对格式塔学者来说都很重要。因此，他们会尝试作出阐释，希望借此获得更多有关来访者的资料，促进了解。

由于格式塔派学者相信人们往往有许多未获满足的需要，这种种需要通常会在梦境和幻想中出现，所以在完形咨询过程中，咨询师常常会运用细心设计的幻想旅程，或者是对来访者的梦境作阐释，去发掘来访者潜意识中的需要和问题。通常咨询师又会用角色扮演来促进来访者将幻想具体呈现。对来访者来说，这也可以帮助他较容易地表达自己。

由于格式塔学者认为来访者与其他人的人际关系非常重要，故此在咨询时，咨询师的参与相当个人化，他设法谋求与来访者有坦诚的交流。而实际上，在格式塔学者眼中，咨询师和来访者的分享确实是很重要的。因为他们相信，咨询师在这过程中的经历、知觉和观感，都会为来访者提供一些背景资料作为参考。因此，咨询师通常会相当主动地和来访者分享个人在咨询过程中此时此地的感受和看法，进一步，他们还会为来访者提供回馈，以协助来访者对自己的一切更加清晰地了解。

在咨询过程中，咨询师往往会协助来访者觅回与正视自己一向否认的事物。同时，他也会带领来访者了解认识自己性格中的割裂关系。其中一个常见的分裂，就是珀尔斯常常形容的胜利者和失败者此两者的关系。珀尔斯指出，胜利者与失败者是并存于人性格中的一个现象，其中胜利者很具权威性，他知道什么是最好的；而与此同时，失败者则表现得防卫性很强，并充满歉疚。珀尔斯相信，我们一旦清楚了自己行为的结构是如前述的胜利者和失败者两者并存而分割的情况，就可以为这两个经常在争战的“小丑”带来友好与协调了。

在格式塔咨询中，非语言的行为十分重要。咨询师经常会留意来访者的言语和行为是否配合。

## 第五节 沙盘游戏

沙盘游戏起源于1911年英国学者威尔斯(H. G. Wells)的“地板游戏”，后来由英国儿科医生玛格里特·洛温菲尔德(Margaret Lowenfeld)发展成为“游戏王国技术”。多拉·卡尔夫(Dora Kalff)在“游戏王国技术”的基础上，注入了荣格分析心理学理论和东方的传统哲学思想，发展创立了一种心理治疗方法，命名为“沙盘游戏治疗”。经过近几十年的发展，随着理论的不断完善和技术的成熟，沙盘游戏治疗目前已经成为国际上影响广泛的心理治疗的方法和技术，被不同理论倾向的临床心理学家们广泛采用，成为一种独立的心理治疗体系。沙盘游戏治疗不仅被用于专业的心理咨询和心理治疗，而且在心理教育和心性发展等层面发挥着重要作用。

### 一、沙盘游戏治疗的概念

在沙盘游戏治疗中，咨询师提供沙盘、水以及各种沙具和材料，采用意象的创造性治疗形式，让来访者在沙盘限定的区域里，“集中提炼身心的生命能量”，在所营造的“自由和保护的空间”(治疗关系)气氛中，把沙子、水和沙具运用在富有创意的意象中，以象征的方式与无意识进行沟通，把无形的心理事实以某种适当的象征性的方式呈现出来，从而获得治疗与治愈、创造与发展，以及自性化的体验。

沙盘游戏为来访者提供了接触内在感觉或心灵的通道。在沙盘游戏中，来访者运用触觉、视觉、听觉和嗅觉，将其最内在的意识和无意识的想法、感觉，转变成物质的形式。沙盘是一个介于个体内隐生活和外显生活的“中间地带”，来访者的内隐生活和外显生活在这里得以逐步呈现和自我揭示。沙盘是一片自由和空白区域，来访者在此得以鲜活地洞察自己，创造自己的世界，改造现存世界。通过使用积极想象和创造性象征游戏，沙盘游戏变成了一种实用的、体验性的工具。它搭建了一座从无意识到意识、从心灵到物质、从非言语到言语的沟通桥梁。

## 二、沙盘游戏的基本设置

1. 沙盘游戏治疗室的环境构成

(1)物理环境。沙盘游戏治疗室应选择在安静、环境幽雅、不受外界干扰的地方，一般应光线柔和、色调温和。在条件允许的情况下，沙盘游戏区和访谈区最好能够分开。

(2)心理环境:沙盘游戏治疗室与心理治疗室一样，需要给来访者提供一个自由、接纳和安全的心理感受的场面或空间。卡尔夫说过:“为病人提供一个自由与保护的空间，是促发病人内在力量的前提，是所有治疗的条件中最基本的条件。”因此，为来访者创造自由的、被接纳的、受保护的心理空间非常重要。只有置身于自由的、被接纳的、受保护的心理空间，来访者才能将其内心世界通过沙盘游戏作品自由地表现出来，来访者的心理不适应问题才可能通过沙盘游戏疗法得以缓解、解决。

2. 沙盘

沙盘是一个有边界限定的容器，其大小和颜色有具体的限定，起到保护沙盘游戏制作者自由地表现内心世界的作用。沙箱所提供的是一种安全与受保护的空间。因为沙箱是一个有边界限定的容器，四角相对于“天”而言是“地”，大地给来访者一种安全感和受保护的感受。个体沙盘的尺寸为

50cm×76cm×7.5cm，团体沙盘的尺寸为50cm×105cm×10cm。沙盘的底部和侧边要涂成蓝色，使人在挖沙子时产生挖出“水”的感觉，表示江河湖海。内侧边框的蓝色会使人感觉到“蓝天”的存在，蓝色作为“水”和“天”的象征能够将人的思绪引向深刻和高远，让烦躁的心情平静下来，使疲惫的心灵得到放松。沙盘桌的高度约1米，与来访者的腰部平齐。

3. 沙子

在沙盘游戏治疗中，沙子是来访者探索其内在心灵必不可少的媒介。沙盘游戏中的沙子有如下作用：

(1)回归。沙子给人放松、温馨、宁静、祥和的感觉，容易使人联想起母性、家、关爱、包容，在行为上容易引起回归或退行。玩沙子能够带给人们一种自由、放松的感觉，还能给来访者提供一个自由释放内心情感的安全空间。

(2)塑形。用沙子制作大地、高山、河流、海滩、沙漠、陷阱或深渊等，能使内在心灵形象化。沙子的流动性能够让人体验到一种自由感和生命感。

(3)整合。触摸沙子能使人通过触觉来恢复已忘却的动物本能的感觉机能，使内在无意识得到浮现、整合。很多时候，来访者只是无意识地在沙中随意勾画，其心理压力却得到了释放与舒缓。

(4)沙盘游戏以沙盘为中心，用沙盘和沙子创造出一个自由与受保护的空间。沙盘提供的是一个保护的、外在限制的空间，而沙子在某种程度上构成了游戏者的一个内在释放和呵护的空间。沙子的颗粒有大有小，细腻的沙子摸起来柔和、温暖，常常带给人平静的感觉；较粗的沙子对人的心灵冲击往往要大一些。

4. 沙具

沙具也称为物件，是沙盘游戏治疗中的基本要素之一。为了增强心理治疗的专业性以及治疗效果，最好不要将沙具使用“玩具”这个词。各种各样沙具模型是来访者用以表现外部世界和内心世界的形象物件，是来访者内心世界的象征性表达和投射性呈现。通过运用各种沙具模型，来访者可以将自己的心理有形化、直观化。这有利于来访者更好地认识自己的内心世界，也有利于咨询师更好地认识来访者的内心世界。

沙具主要分为以下几类：

(1)人物。普通人，各种休闲活动中的人物，不同职业的人物，过去和现代的人物，幻想人物、神话人物和魔幻人物，格斗、战争和被奴役的人物，死亡人物，宗教与灵性人物、物件，不同种族、文化的人物和物件；身体各部位。

(2)动物。陆上、海里和空中的野生动物，家养动物，已绝迹的动物，神话动物和幻想动物；动物的栖息地；骨头、壳和羽毛。

(3)植物。天然的和人造的植物；处于植物生命周期各个阶段的植物。

(4)矿物。岩石，天然和人造宝石；大理石和玻璃珠。

(5)环境。各种不同文化和地域的住所、篱笆和桥。

(6)运输。陆上、水上和空中的运输工具以及军事交通工具。

(7)其他各方面物件。行星和地球象征物；反射性和照明物件；成瘾和医疗象征物；芳香物件；沟通物件；容器；食物；建构材料。

(8)多用途材料。捆绳、陶土、黏土、橡皮泥、纸张、颜料、纺织品、五彩碎纸、剪刀、胶水；空中吊钩、装水的容器、筛子、小盘子；象征字典。

5.其他设备

(1)照相机。照相机用以记录来访者的沙盘游戏世界，以便来访者留作纪念和咨询师留档，最好使用拍立得相机或者数码相机。

(2)记录单。针对不同类型的沙盘有专门设计的记录单，用来记录来访者的沙盘游戏过程和讨论过程。

## 三、沙盘游戏治疗的原则

1.无意识水平的工作

在沙盘游戏过程中，咨询师与来访者一起，在无意识的引导下通往治愈和发展之路。咨询师激发来访者对无意识采取容纳和接受的态度，倾听自己内心深处的表达，让无意识自发地涌现。无意识水平上的沙盘游戏与心理分析，意味着在无意识和意识自我之间，搭建一种更为本质、更加确定的关系，帮助来访者接近无意识，接触与感受无意识的真实和潜力，不但包含真正治愈的因素与力量，而且包含本性自我与自性化发展的条件与机会。

2. 象征性的分析原理

沙盘游戏治疗主要通过象征性分析原理，对来访者利用沙具模型在沙盘中建构沙的世界来揭示其内在心灵的意义。沙具模型是象征的载体，通过各种形状的沙具模型，咨询师要捕捉与把握的就是原型和原型意象的意义。在沙盘游戏治疗中，对于象征性的理解，以及对于所象征内容的感受与体验，是咨询师工作与努力的重点。卡尔夫说："对于沙盘游戏咨询师来说，理解沙盘游戏中的象征，就等于掌握了从事沙盘游戏治疗的有力工具。"

3. 游戏的意义与治疗

迦达默尔(Gadamer)提出了游戏的现象学和阐释学理论，他认为：

(1)游戏的本体意义。游戏独立于游戏者的意识之外，具有吸引游戏者的内在魅力，具有本体的普遍存在状态，属于人类的存在方式。

(2)游戏的自我更新作用。游戏是一个往返重复、自我更新的过程，游戏和游戏者都能够在此过程中更新自身。

(3)游戏的自成目的性。游戏是从自身出发而进行的，没有目的和意图，具有轻松的特性。

4. 共情的作用与治愈

准确的共情是指咨询师能够从来访者内心的参照体系出发，设身处地地体验来访者的内心世界，同时能够用言语来准确地表达对来访者内心体验的理解，并且能够引导来访者对其感受作进一步思考。共情不但有助于咨询师了解来访者，而且可以协助来访者进行自我表达、自我探索和自我了解，促进来访者的自我疗愈。

5. 感应的力量与转化

感应的力量与转化的原则来源于中国文化，具有深刻的心理分析和沙盘游戏治疗的意义。通过感应，沙盘游戏充满游戏的精神和游戏的意义。当我们拥有感应的时候，我们就能够创建治疗的气氛；当我们拥有感应的时候，我们就获得了治愈的力量；当我们拥有感应的时候，我们就能够使沙盘充满活力和生机。

## 四、选择沙盘游戏治疗的最佳时机

1. 当来访者因年龄或身体原因不能确切表达自己时

有的来访者因身体原因(如身体外伤影响其言语功能),言语功能存在缺陷,有的来访者由于语言、文化等差异导致咨访双方不能确切表达或相互理解等,此时,咨询师就可以用沙盘游戏作为沟通来访者心灵的媒介和桥梁。

2. 当来访者在其治疗过程中难以前进时

有的来访者因固有的思维模式和行为模式而难以被打破,有的来访者陷入强迫思维或强迫行为而难以自拔。此时,其他咨询常常循环往复而难以推进,就可以选择沙盘游戏治疗。

3. 当来访者无法找到词汇来表达其感觉或想法时

有的来访者在叙述某个创伤或某段经历时,常常一时难以找到合适的词汇来表达当时的感觉和想法,就可以选择沙盘游戏治疗。

4. 当来访者被阻塞在他的情感中时

来访者有时在谈到某个挫折、创伤或哀伤事件时,情不自禁、痛哭失声,此时选择沙盘游戏治疗是用行为来表达的最佳途径。

5. 当来访者做了一个他无法了解的感受强烈的梦时

梦常常是片段的、跳跃的,来访者讲述梦境时常常对引起较大情绪反应的情境记忆深刻,对其他部分比较模糊,而叙述常常比较模糊,条理也不太清楚,沙盘游戏可以帮助来访者把梦境很好地具体化,并以物化的形式表现出来。

6. 当来访者感到困惑时

来访者有时会处于"剪不断,理还乱"的困扰中,当困扰和来访者自身缠绕在一起时,常常令来访者理不清头绪,此时沙盘游戏治疗可以拉开来访者与困惑之间的距离,让来访者恢复理性和智慧。

7. 当来访者为必须做的决定而痛苦挣扎时

有时来访者会面临多重选择的冲突，他们常常为不知该做何种选择而痛苦挣扎，此时采用沙盘游戏可以让来访者思考不同选择以及可能带来的后果，从而做出有效抉择。

8. 当来访者要修通一个他已准备要面对的创伤时

有时来访者已经对某个创伤进行了较长时间的工作，已有足够的内在力量去修通这个创伤。此时，做一个沙盘游戏有助于来访者完成对创伤的修通。另外，所创作的沙盘游戏世界也具有仪式的意义，见证来访者对创伤的有效解决。

## 五、沙盘游戏治疗在高校咨询中的应用

虽然前面已经介绍了沙盘游戏疗法的使用方法，但在高校为大学生运用沙盘游戏提供心理帮助时，主要进行咨询而非治疗。

### （一）创造沙盘世界

1. 向来访者介绍沙盘游戏

咨询师为来访者创造一个安全的、受保护的、自由的空间，激发来访者对沙盘游戏的积极期待。和来访者一起体会沙子带给心理的感受，告诉他可以在沙盘利用沙子任意创造自己想要建构的形状，当手扒开沙子的时候，沙盘的底部是蓝色的。告诉来访者物件在沙具架上是分类陈列的，他可以逐层浏览沙具，选择那些更亮、更吸引自己或能引起心灵颤动的沙具，把它们摆放在沙箱中，创造一个沙世界。

咨询师要把自己置于一个可以观察来访者行为的位置，并且这个位置也令来访者觉得自在，没有压力。咨询师还要告诉来访者，沙盘游戏创作的方式无所谓对错，自己（咨询师）会在他创作的过程中全身心地陪伴着他；如果他对哪些方面不太明白，可以向自己（咨询师）寻求帮助；在创作完成后，请告知自己（咨询师）。

2. 建构沙世界

来访者在沙盘中创造一个场景，他可以使用物件，也可以不使用物件；

可以使用水，也可以不使用水。这是一个来访者可以用自己希望的方式去创造沙世界的过程，要容许“内在的心灵唤起”不断地推动他们自己。

在来访者建构沙世界的过程中，咨询师要保持沉默（除非来访者邀请咨询师说话）和全身心陪伴，见证、尊崇和尊重来访者的体验而不干涉（或解释）；要认真地观察来访者是如何挑选物件的，注意其所挑选物件的属性，包括物件的颜色、质地、尺寸、形状以及使用的材料；记录物件选择的顺序以及它们被挑选和被处理的方式。

注意咨询师的手不要碰到沙盘，不要以任何方式主动卷入游戏，除非来访者特别请求咨询师参与互动或提供帮助。咨询师传递给来访者的，是对其心灵自我康复的过程怀有信心。

3. 体验感受

咨询师应鼓励来访者充分体验其创作的沙盘世界。咨询师可以对来访者说：“这是创造的属于你的独特的沙世界，花一些时间待在其中吧，让它触及你的心灵。不仅用你的眼睛，而且用你的所有感官去体验它、探索它、了解它吧。你可以保持沉默，或者分享任何触动你的东西。”

当来访者反思和体验其沙世界时，咨询师应尊重且无条件地接纳来访者和他的创作，观察他们在体验时的言语和非言语反应，鼓励来访者绕着沙盘走一走，看看从不同的角度观察其所创造世界感觉是否有差异。

4. 重新调整

当来访者充分体验所创作的沙世界时，常会引发其内在的心灵活动，他们经常会选择改变物件的位置，移动或添加物件。咨询师应告知来访者，可以保留沙世界原有的样子不变，也可以按照他们的意愿做出某些改变。如果来访者做了一些改变，在改变完成后，咨询师就鼓励来访者重新体验改变后的世界。咨询师应注意来访者内心在沙世界转化过程中的任何变化。

**（二）咨询干预**

1. 游览沙世界

咨询师可以从来访者的那一侧请求游览一下他所创作的沙世界。咨询师可以对来访者说：“你是这个世界的创造者，我对它的了解实在不多，你是否可以当我的向导,带我参观这个世界,告诉我有关它的故事。也许你可以带我游览一番,详细描述一下这个世界是如何形成的,使我熟悉这个世界中的人物和物件。”当来访者带咨询师游览他创作的世界时,咨询师要静静地、专注地倾听,以便能看到跟来访者相同的沙世界,同时要特别注意那些在建构时期从咨询师的视角无法看到的物件,以及那些自己可以看得到而来访者看不到的物件。当来访者描述他的世界时,咨询师要注意来访者的言语和非言语线索。如果来访者在游览时期出现强烈情绪,咨询师可以鼓励来访者停留在被激发的情绪中,体验这种情绪。

2.咨询性干预

当来访者带咨询师游览完他创作的沙世界后,咨询师可以从来访者描述世界的方式中发现线索,对来访者所描绘的、创作的场景询问一些问题,以便加深对来访者世界的理解,或者对来访者未讲到的物件和内容进行澄清。

咨询师在询问来访者关于世界的一些问题时,应注意把关注点聚焦在来访者创作的沙世界上,而不是关注来访者自身;鼓励来访者更为广泛地去体验、实验和探索世界或世界的特定层面;与来访者生活或记忆相连接的东西可能会出现,但是咨询师不要去分析这种体验。在咨询性干预环节,咨询师可以选择使用自己熟悉和拿手的治疗性干预方法,选择在当时最恰当的治疗策略,如完形技术、心理剧、心像法、认知重塑、艺术治疗和身体觉察等。

**(三)记录沙盘世界**

来访者的照片:当来访者对沙世界调整和修改完毕,将所有的物件都摆放在想要保留的位置后,咨询师可以为来访者提供从其选择的角度为沙世界拍照的机会,以记录这个象征性意象。来访者可以把这些照片带回家。

咨询师的照片:在征得来访者的同意后,咨询师为其创作的沙世界拍照,以便完成接下来的环节,或者留存资料以备将来参考。咨询师在拍照时应至少拍一张正面全景照,再从与来访者拍照相同的角度拍一张;如果有必要,可以从不同的角度或拍些局部的照片。

### (四)联结沙盘游戏体验现实世界

1. 意义形成

拍照工作完成后,咨询师和来访者一起回到访谈区。咨询师应帮助来访者理解和应用那些通过沙盘游戏而变为意识层面的领悟,引导来访者在一个更具意识的水平上整合其沙盘游戏体验。如果来访者对重复物件或主题运用的重要性感到困惑,咨询师可以鼓励他在下一次的会谈中创造一个扩大沙盘来处置其困惑,或者从象征和神话字典中查阅物件的意义以帮助来访者加深对其世界的理解。

2. 将沙盘游戏与来访者的真实世界联结起来

咨询师应帮助来访者在其所创造世界的象征意象和这些意象在其生活中所代表的意义之间架起一座桥梁;鼓励来访者认识沙盘中产生的状况和日常事件之间的联系;鼓励来访者留意沙盘中的议题是如何在他的日常生活中呈现的;鼓励来访者把沙盘游戏世界与记忆中的(或当前生活的)问题联系起来。当来访者探索如何将从沙盘游戏体验中学到的知识运用到他目前的生活情境时,咨询师要支持来访者,这是把来访者从无意识中刚唤醒的能量(或刚发现的领悟及材料)引向建设性用途的机会。

### (五)拆除沙世界

1. 理解沙世界

在来访者结束治疗之前,咨询师让其选择是拆除场景,还是保留场景原样不动。如果来访者选择保留所创造的沙盘游戏场景,那么咨询师一定要告知来访者在他离开之后,自己将会把它拆掉。在来访者离开治疗室之后,咨询师要回想来访者的沙盘游戏过程,仔细地拆除世界,花一些时间思考和记录当时的体验。如果来访者选择拆除沙世界,通常先让来访者拿掉第一个物件来"打破创造出来的完整沙世界的能量模式"。

2. 清理沙世界

由咨询师或咨询师和来访者一起认真、仔细地拆除沙世界,是咨询师重新体验来访者沙盘游戏的过程以及了解更多有关世界意义的机会。如果咨询师对来访者场景中的某个层面或物件产生了强烈的情绪反应，就可以从那个物件开始，为自己建造一个世界，这是化解反移情问题的绝佳方法。在这一环节，咨询师应认真地清理沙盘世界，留意来访者出现的改变，把物件放回到架子上适当的位置，完成咨询记录。

上面介绍的只是沙盘游戏治疗操作过程的大概过程，在实际操作过程中，各环节之间可能有交叉；在具体的治疗实践中，也不一定每次治疗都要把这些环节完成，有时会因来访者在游览阶段情绪激动（或暴发）导致沙盘游戏后面的环节中断，或跳过某个环节。

# 第三章　学校心理咨询的过程

心理咨询是高校学生管理工作的重要组成部分，遵守专业设置并符合专业规范是发挥心理咨询专业效能的基础保障。整个心理咨询过程由专业会谈构成。在一系列基本程序中，各个步骤有不同的阶段性任务，共同达到有效助人的目的。

在高校心理咨询中，咨询师的工作不仅仅是与来访者会谈，有时也会承担接待员的工作，进行咨询的接待与预约、危机干预和转介等。咨询师在工作中应遵守专业设置，这既是心理咨询专业性的重要体现，也是保证心理咨询效果的关键因素。

为了突出不同阶段心理咨询的重点任务和主要目标，可将心理咨询过程分为三个阶段，即初始阶段、探索和干预阶段、结束阶段。学校心理咨询是发生在学校这个特定环境之下的心理咨询，同样可以做这样的划分。

## 第一节　学校心理咨询的初始阶段

心理咨询的初始阶段是整个心理咨询的起点和基础。一个成熟的咨询师，总是非常重视心理咨询的初始阶段，机智慎重地实现这个阶段的工作目标。初始阶段并非从来访者进入咨询室才开始，其实最早可以追溯到来访者通过各种渠道接触咨询机构的那一刻。所以，咨询机构的宣传介绍、咨询预约人员的接待、咨询机构的地点及环境氛围等，都是咨询初始阶段可能带给来访者影响的因素。通常在心理咨询的初始阶段,建立起良好的咨询关系是咨询师最重要的工作。与此同时,咨询师还必须利用好这段时间尽可能了解来访者,并协助他们表达自我、讲述问题,以便心理咨询工作的推进和深入。此外,咨询师还要在咨询初始阶段对来访者的问题进行资料收集,并在收集资料的基础上进行危机及精神状态的评估,必要时要采取紧急措施确保来访者及相关人员的人身安全。

## 一、预约和接待工作的重要意义

1. 有助于保证来访者在寻求专业服务的第一时间与机构建立联系

与寻求其他服务不同,在决定求助咨询机构的最初阶段,来访者的心情通常是十分复杂的,他们既希望得到专业帮助以解决自己无法克服的问题,又有些担心、犹豫。此时,多数来访者抱有试探心理,不知道自己联系的机构能否帮助到自己,不确信接待自己的咨询师是否值得信任。心理咨询机构设置接待员可以保证在来访者尝试与机构联系时有工作人员接待。这种一求助就有人应答的心理体验是非常重要的,不仅能缓解来访者的紧张和焦虑,而且能促进来访者前来咨询的行动。

2. 有助于最大限度地发挥心理咨询师的专业效能

接待员最基本的工作任务是为来访者完成咨询预约,即具体约定来访者在什么时间与哪位咨询师会面咨询。在预约之前,接待员要做的工作是对来访者进行初步筛选,将那些明显不属于心理咨询服务范畴、不适合在本机构接受咨询的来访者进行转介。在安排预约时,接待员通常会基于来访者的需求以及对咨询师的专长、咨询经验和工作时间的了解,安排合适的咨询师为来访者提供服务。这样做可以在相当大的程度上提高咨询师与来访者之间的匹配性。无论从来访者需求的满足,还是从咨询师专业效能的发挥来说,预约环节都是极为必要的。

3. 有益于保障心理咨询机构日常工作的良好运行

咨询关系是前来求助的来访者与作为机构代表的咨询师之间建立的专

业关系。来访者与咨询师除了在开始接触时需要接待员帮助配对预约以外,在以后的咨询过程中也有需要接待员帮助协调的情况。例如,咨询师或来访者临时有特殊情况不能来咨询,接待员就要与双方沟通并重新安排预约,这样才能避免咨询师与来访者发生专业会谈以外的社会联系。正是在接待员的妥善安排下,咨询机构的工作才能井然有序,避免杂乱无章的状况,这有益于帮助来访者建立内心的确定感和安全感。

## 二、表格填写

高校心理咨询中心要为每一位前来咨询的大学生(即来访者)建立档案,作为工作记录保存。为了有效地利用面询时间,也为了来访者在知情同意的情况下接受心理咨询,咨询机构通常要求来访者在预约时填写"咨询申请表",并签署"咨询协议书"。如果来访者通过电话或网络预约,接待员通常要求来访者在首次咨询时提前到咨询机构填写相关表格。

"咨询协议书"书面文件的签署是心理咨询专业化、职业化发展的重要标志之一。协议书一般包括心理咨询的基本原则、来访者的收益与挑战以及咨询师的职责等内容,特别是对保密原则以及突破保密协议的若干情况等有较为具体的介绍,这些都是来访者知情同意的重要内容。咨询师和来访者签署"咨询协议书",标志着双方建立了正式的专业关系,这不但明确了咨访双方在咨询过程中各自的责任,而且规定了专业关系本身的约定和限制,使咨询过程在一个比较清晰的框架下展开,这是产生咨询效果的重要保障。

## 三、咨询记录的管理

咨询记录的管理是文档管理的重点。通常来讲,咨询机构要对每一位来访者建立咨询档案(包括预约登记表、来访者基本信息登记表、来访者咨询录音及录像协议书等其他文档资料),并妥善保管。心理咨询机构对咨询记录如何保管、谁有权利查看咨询记录等问题应该有相应的规章制度,这是对来访者保密权益的重要体现,接待员应严格遵照执行。

关于咨询师对咨询过程的记录，首先要明确咨询师应记录哪些内容。原则上，咨询记录应体现工作的客观性，主要包括来访者求助的问题、咨询师获得的与来访者有关的信息、咨询师对来访者困扰的理解，以及主要使用的干预方法。然后，咨询记录要有心理评估说明，即来访者的求助问题是否属于心理咨询范畴，以及如何处理。例如，是否需要转介到医院进行诊断；是否属于危机；是否需要启动危机干预；等等。

## 四、初始阶段咨询的主要内容

### （一）建立良好的咨询关系

罗杰斯指出咨询师与来访者之间的良好咨询关系和心理上的接触与联结，是来访者改变的基础。沙利文的人际关系理论认为，咨询师与来访者首先要建立一种相互间基本的"联系感"，这种联系感能缩小双方的距离感，增加亲切感，给处于心理困扰中的来访者更多的安慰、力量和希望。总之，心理咨询初始阶段最重要的目标便是建立良好的咨询关系，咨询师需从多方面着手努力实现这一目标。

1. 营造咨询氛围

咨询师在初次接待来访者时应该十分用心地营造良好的咨询氛围。心理咨询现场的氛围一方面是物理环境，另一方面是咨询师与来访者之间心理上的交互影响。因此，一方面，咨询师要优化咨询场所的物理环境，使咨询室保持安静、整洁、舒适，保持恰当的通风与光线，家具、摆设、装饰及各类物品的安放等应注意协调，并且不宜在短期内频繁作出剧烈的改变。另一方面，咨询师要注意营造融洽的氛围（理解和尊重来访者的氛围），从有利于来访者心理状态的角度来选择自己的言行举止，为来访者建立舒适的环境，让来访者放松身心、平复心绪、放下戒备、敢于表达、直抒胸臆。在咨询初期，咨询师应充分地表达出积极关注的态度，认真倾听、亲切温暖、尊重接纳，能够使来访者感到自己被重视、被接受，这就有了一个良好的咨询氛围，也有了信任的基础。

2.强化咨询动机

在心理咨询的初始阶段，来访者对咨询师言谈举止等表现的第一印象十分重要。在心理咨询的初期，尤其是初次会谈，来访者往往比较紧张、局促，甚至充满疑惑、担忧，他们会考虑咨询师是什么样的人，能不能真的理解、同情、尊重自己；另外，有些来访者一方面渴望获得他人的理解或同情，另一方面又不希望别人同情他。来访者第一次走进咨询室的时候，往往就是处在这种复杂、矛盾的心理状态之下。因此，咨询师一开始所流露出来的态度、言行举止，都会对他们产生很大的影响。第一次见面，如果咨询师给来访者一个亲切、温暖、尊重、接纳的第一印象，使他感到自己被重视、被接受，这就有了一个良好关系的开端，有了信任的基础，对咨询的怀疑、担忧、不确定感逐步消解，力图通过咨询来帮助自己的确定性得到提升。

3.说明咨询设置

对于心理咨询，许多来访者都可能心存疑惑或产生不确定感，对于心理咨询究竟是怎么回事，都不是十分清楚。因此，在初次会谈时，咨询师要根据来访者对心理咨询的认识和了解，有针对性地说明和解释心理咨询的性质、限制、角色、目标以及特殊关系等“基本设置”。例如，时间限制、会谈的预计次数、保密及其限度、咨询师如何工作、咨询可能的效果或限制等，帮助来访者对心理咨询形成合理的期望，承担必要的责任等。

**(二)协助来访者宣泄情绪**

心理咨询要深入下去，咨询师需在心理咨询的初始阶段让来访者将积郁的情绪情感表达或宣泄出来，一方面降低情绪情感的强度，有助于来访者逐步平静下来面对问题本身，另一方面也体现了咨询师对来访者的理解、同感和敏感性，有助于提升来访者对咨询师的信任，促进咨询关系的建立。因此，在倾听来访者的诉说时，咨询师不仅要了解来访者所遭遇的事件，更要关注他此时此刻的情绪状态以及影响他产生这些情绪反应背后的想法。

在心理咨询中，咨询师常常运用“我听得出来，你很生气”“我能理解你的不安、害怕、委曲、愤愤不平、伤心……”“我能感觉到你的伤心和失望”

“我猜想这件事情让你感到非常委屈”等用以表达咨询师读懂了来访者的感受、表达咨询师对来访者共情同感的常用回应句式。咨询师对来访者感受的敏锐感知和正确表达的能力十分重要，咨询师通过其表达关切、尊重、理解、感同身受等信息，有助于来访者受伤的情绪得到安抚，让他们感受到咨询师给予的温暖和关注，在此基础上，来访者会对咨询师感到安全、信任，进而逐步做到推心置腹，这样心理咨询会谈才会逐步引向深入。

**(三)引导来访者诉说内心**

在心理咨询的初始阶段，引导来访者讲出自己的心结，不仅有助于咨询师了解来访者的问题，为心理咨询的继续推进打下基础，也有助于咨询关系的建立和巩固，甚至其本身也有助于来访者开始重新审视自己的问题。当咨询师对待来访者的感受持无条件积极关注和接纳的态度时，可以打动来访者的心，使他们感受到咨询师的真诚和无条件地接纳，进而打开心扉，让咨询师进入他们的内心世界。即使自己有不可言喻的困惑和苦衷，但也会相信把这些隐私倾诉出来后能得到咨询师的积极关注、充分理解和有效帮助。

**(四)全面收集来访者资料**

咨询师需要尽可能全面深入地了解来访者，然而一个人要完全认识和了解另外一个人基本上是不可能的。因此，作为咨询师在咨询的初始阶段，要想在短短的一次或几次会谈中全面认识和了解来访者，就必须特别注意收集与来访者有关的各种资料，通过会谈、观察、倾听、心理测验等方式，了解对方的基本情况及其存在的心理问题。咨询师需要了解来访者的基本情况，包括姓名、年龄、班级、家庭及社会生活背景、生活经历、兴趣爱好、学习生活近况及有无心理咨询经验等。通过对基本情况的了解，有助于掌握来访者过去、现在等各方面的活动及生活形态或生活方式，有助于逐步把握来访者主要心理问题。此外，深入了解来访者的心理问题是确定心理咨询目标的前提和基础，当然也是咨询师在心理咨询初期的重要工作。

**(五)评估来访者危机**

在咨询初期，咨询师还有一个必须慎重对待和处理的重要工作，就是识别和评估来访者是否疑似罹患精神障碍或存在心理危机。根据《中华人民共和国精神卫生法》和有关法规,对于疑似罹患精神障碍的来访者,咨询师应建议对方到精神卫生专门机构寻求诊治,咨询师不得对来访者的精神障碍提供心理治疗服务。因此,凡是疑似罹患精神障碍的来访者,咨询师应尽早予以识别和评估,作出相关转介建议后,视情况确定是继续提供辅助性的心理咨询,还是终止咨询。此外,一些寻求心理咨询帮助的来访者,已经处于情绪崩溃、理智丧失的状态,或者悲观绝望,或者激愤冲动,对自己或他人存在伤害或危害的风险,或者处于精神疾患状态、自知力严重受损,丧失对自己人身安全的基本照料,有可能发生非自主的人身安全问题。

来访者是否身处这样的危险情境,需要咨询师尽早进行识别和评估,一旦确实存在安全危机,采取有效措施保证来访者及相关人员的生命安全,是咨询师的第一责任和优先考量,而此时,咨询关系建立与否以及后续咨询工作是否能顺利推进,需要咨询师放到第二位去考量。总之,咨询师在咨询过程中,需审慎评估来访者是否处于心理咨询服务范围之外的精神障碍发作状态,是否处于自我伤害或伤害他人的危机状态,并确定是否进行转介或危机干预,只有在排除危机,确定来访者是心理咨询帮助对象范围之后,方可进入常规的心理咨询流程。

危机的评估方法:

现实生活中,人们关于自杀有一些既定的看法,但实际上多是谬误,如果咨询师不加以辨析就认同这些观点,势必会影响专业评估和判断。常见的想法包括以下几种。

(1)如果与想自杀的人讨论自杀,很可能诱导其自杀,"一个真正想自杀的人是因为受他人诱导才想到自杀的",这种情况发生的可能性极小。因为想要自杀的人通常把自杀看作解决问题的唯一途径,他们在遭遇困境以后往往绞尽脑汁想办法。在他们看来,自杀是其万不得已的选择,而不是咨询师的问询使他们看到还有自杀这样一种选择。

(2)说要自杀的人其实不会自杀,从一般意义而言只是威胁别人罢了,生是人的本能,没有人主动想死。有的人向周围的人说要自杀,其实这通常是他们向外界发出的求救信号，希望有人关注自己、帮助自己。所以，当咨询师听到来访者说要自杀，不可简单视为戏言，要严肃对待。

(3)假如一个人自杀未遂，自杀危险不会结束。自杀危险不会因为已经出现过自杀行为而自动结束，自杀未遂的人极有可能再次出现自杀行为，而且再次自杀行为的致命程度很可能更高。

(4)如果想自杀的人开始分享个人财产，表明这个人有好转迹象。恰恰相反，表现得慷慨、将自己最心爱的物品送与他人，这常常类似于想要自杀的人所做的交代后事。这不是好转的迹象，而是表明危险程度加重。这些谬误常常会影响我们对来访者危险性的判断。咨询师在倾听来访者情绪宣泄的同时要具体问询，因为来访者仅仅有一闪而过的自杀念头与有过具体的自杀计划和准备，其危险性是显然不同的。

在了解来访者情况的过程中，有许多因素属于危险因素，这些因素可以帮助咨询师评估来访者自杀的危险程度。自杀的危险因素包括：

(1)来访者有自杀家族史(不是遗传而是模仿)。

(2)来访者曾经有自杀未遂史。

(3)来访者已经形成了一个特别的自杀计划。

(4)来访者最近经历了心爱的人去世、离婚或分居事件。

(5)来访者因家庭损失，遭受他人虐待、暴力，或性侵害而失去稳定。

(6)来访者陷入特别的创伤损失而难以自拔。

(7)来访者是精神病患者。

(8)来访者有药物和酒精滥用史。

(9)来访者最近有躯体和心理创伤。

(10)来访者有失败的医疗史。

(11)来访者独居并与他人失去联系。

(12)来访者有抑郁症或处于抑郁症的恢复期，或最近因抑郁而住院。

(13)来访者开始分配个人财产或安排后事。

(14)来访者有特别的行为或情绪特征改变，如冷漠、退缩、隔离、易激惹、恐慌、焦虑，或社交、睡眠、饮食、学习及工作习惯出现异常。

(15)来访者有严重的绝望和无助感。

(16)来访者陷于以前经历过的躯体、心理或性虐待的情绪中不能自拔。

(17)来访者显示一种或多种深刻的情感特征,如愤怒、孤独、内疚、敌意、悲伤、失望,这些是个体正常心理行为特征。

对于明确表述有自杀企图的来访者,咨询师在倾听来访者宣泄的基础上选择适当的时机进行危险性评估。信息收集最简单有效的方法是询问"5W1H"——谁(Who)、什么时候(When)、在哪儿(Where)、做什么(What)、为什么这么做(Why)、怎样做(How)。如果这些问题都有明确的答案,也就是有具体的自杀计划,说明来访者是处于最危急的状态。但通常的情况是,来访者对自杀意图常常只是作比较模糊的表述,例如,"我都不想活了""真不知怎么办,还不如死了好",等等。咨询师应对这些表达高度敏感,在共情的同时关切地询问来访者这些话确切的意思是什么,是否真的有自杀的具体想法和计划。有的来访者通过这样的表达向外界寻求帮助,如果这时咨询师能捕捉到来访者的内心想法,表达出真诚的尊重与关心,往往就可以了解到来访者的真实感受,或许由此抓住帮助来访者的机会。

一些有效的提问方式:

"你有过比较极端的想法吗?即便它仅仅是一刹那间的念头。"

"当感到非常伤心时,有时会产生伤害自己的想法。你曾有过自杀的想法吗?"

"除了曾经有过自杀的想法,有没有具体计划过?"

还有学者提出可以询问以下诊断性问题:"你是否曾经感到如此的心烦,以至于你希望自己不再活着或希望自己已经死了?"

"你是否曾经做过什么事情,你自己知道这样做是危险的,有可能使自己受伤或死亡?"

"你是否曾经伤害过自己或试着去伤害自己?"

"你是否曾经自杀过?"

"你是否考虑或试图自杀?"

"如果你感到特别难过,你会寻求帮助吗?你会找谁?"

“你是自己一个人住，还是和家人一起住？”

“你有好朋友吗？你的好朋友知道你目前的状态吗？”

如果存在危机，咨询师还要告知来访者自己会突破保密原则上报咨询机构，并向来访者耐心地解释，这也是非常重要的工作。一般情况下，当咨询师告诉来访者上报咨询机构是出于对来访者的关心时，来访者会表示理解和同意。

## 第二节　学校心理咨询的探索和干预阶段

在心理咨询初始阶段，咨询师与来访者建立起良好的咨询关系，初步了解了来访者的问题现状和来访者的一些基本信息，排除来访者危机或严重精神疾病，心理咨询随即进入探索和干预阶段。在探索阶段，咨询师要充分探索来访者的处境及问题，形成对来访者心理问题的基本假设，并逐步进行验证和修正，引导来访者逐步深入对自身问题及可用资源的认识，协助来访者萌发或强化改变的愿望，并在此基础上确立咨询的目标，制定咨询方案，做出咨询行动。

### 一、深入探究问题

在与来访者建立起良好的关系，初步了解他们的问题、现状等之后，咨询师需要与来访者一起深入探究其问题或困扰。在咨询初期，来访者所提及的问题很可能只是表面问题或者是经过掩饰的问题。毕竟，许多来访者最初要咨询的问题往往到后来都会被证明只是其最表面的一个问题。此外，来访者即使面对咨询师也有可能会掩饰、隐藏，甚至逃避自己的问题。通常，深入探究问题就是要协助来访者呈现其核心问题，讲出自己最关心的、最重要的、最内在的问题，并且敢于直面它们。来访者隐藏核心问题，往往是因为它是敏感的、特别隐私的，对来访者有重大意义或影响的，如涉及道德、人伦、自尊、羞耻等问题。这类问题一般不容易被来访者讲出来，但它们往往又是来访者问题的症结所在，从其问题根本解决的角度来看，心理咨询中常常需要巧妙地触及问题核心并引导来访者真正地直面它们。

1.继续全面收集资料以评估

咨询师要更全面地收集信息，主要是为了澄清和还原问题，进一步界定和理解问题，促进来访者自我探索，深化对来访者的理解。

2.确立咨询目标

有没有目标是区分心理咨询会谈与一般性谈话的主要区别之一。确定咨询目标是心理咨询过程的关键环节，由咨询师和来访者双方共同确定。在心理咨询过程中，明确咨询目标至少有以下三方面的意义：

(1)为咨询提供方向并引导咨询进程，否则咨询很可能漫无目的。

(2)提供基本的衡量标准，以评判目标达成情况为依据对咨询进展和效果进行评估。

(3)督促双方积极投入咨询，建立改善的信心。

3.商讨咨询方案

与咨询目标一样，咨询方案同样是由咨询师和来访者共同确定的。来访者的参与性越强，咨询方案的执行性就越强。

(1)来访者对自己的情况以及所拥有的资源最了解，通常来访者参与确定的方案最为现实可行。

(2)来访者参与了方案的确定，通常会表现出更强的责任感和自我效能感，付诸行动的可能性越大。当然，咨询师也可以在确定方案时更为主动。例如，咨询师可以提供几种方案，与来访者一起讨论各种方案的利弊以及可能遇到的困难。

4.帮助与改变过程

帮助与改变是心理咨询过程中最重要的环节，协助来访者解决问题的实施过程也是最终的目的，与心理咨询各理论流派密切相关。

## 二、帮助来访者探索情感

来访者向咨询师寻求帮助常常是因为他们感到痛苦。因此，有必要帮助他们对痛苦感受进行探索。咨询师通过来访者对自身情绪的探索和表达，可以更好地认识和理解来访者。来访者的情绪体验，反映了来访者如何对待其自身所遭遇的事件，也反映了来访者的诉求或需要。咨询师通过情感反映、情感表露、开放式提问等技术或方法，可以帮助来访者更好地探索和澄清自身的情绪感受，一方面有助于咨询师对来访者问题的认识，另一方面也有助于来访者增进对自己的了解。

## 三、帮助来访者看清问题

来访者遭遇困难或痛苦，不少都存在对问题的误解、曲解或盲区，咨询师有必要协助来访者突破曲解和盲区。共情技术，尤其是高层次共情技术，在帮助来访者探索自己的问题方面有很好的效果，因为它能够很好地表达咨询师对来访者情绪情感的理解，既有助于咨询关系的稳固和发展，又有利于协助来访者了解到自己的盲点或曲解。而面质技术主要用于来访者对自己问题的逃避、视而不见、有意隐藏、歪曲误解及夸张放大等情况。

## 四、帮助来访者澄清想法

咨询师必须听懂来访者的问题是什么，才能清楚地知道如何提供帮助。通常来访者的问题都与他们的想法和情绪感受有关。作为咨询师，需了解来访者对自身问题的思考，并协助他们探究自己对问题的看法。通过与咨询师谈论自己的问题，来访者能够很好地倾听自己，进而尝试理解自己的反应。咨询师要了解来访者对问题的真正忧虑，咨询师要让来访者放慢脚步，思考自身的状态，在一个支持性的、无评判的氛围中从不同角度去谈论自己的问题。

咨询师可以通过“我听到你说……”“听起来好像是……”“我想你是不是在说……”等方式来概要地复述来访者表述中的重要信息，帮助来访者在相关问题上深入下去。

## 五、协助来访者挖掘心理动力

在计划实施的过程中，挫败和挑战总是存在的，来访者往往容易陷入自我否定的状态之中。因此，心理咨询要引导来访者自我肯定。计划的开始，也是来访者行为、生活态度改变的开始。首先，要改变他们自认是“病人”的观念，改变为重塑自己的执行者。因此，咨询师必须帮助缺乏自我肯定的来访者认识到自己需要什么，如要清楚自己的喜好、愿望和感受。

此外，咨询师要善于发现来访者的积极品质和自身资源。咨询师不能一味地关注来访者的问题和不足，更要有意识地去探寻来访者的积极方面。一般来访者都对自己有过低的评价，对自己有片面的认识和严苛的要求，正是因为他们这样的特点，才容易陷入自我否定的泥潭难以自拔。在咨询过程中，咨询师要对来访者付出的努力、做出的尝试、取得的进步保持高度敏感，并及时反馈给来访者，增进来访者的自我肯定。有些技术可以用来增进来访者的自我肯定，如面质、澄清、赞许、重构、例外、自我表露等。

## 六、协助来访者学习应对技巧

在心理咨询过程中，咨询师要通过有意识地训练帮助来访者学习技巧和方法，在咨询室这个安全的环境里让来访者掌握相关方法和技巧，再迁移和应用到实际生活情境中去。练习的过程不仅仅是掌握技巧，也有利于提高来访者的自信心和冒险的勇气。同时，可以协助来访者制订行动计划(见表3－1)。

**表3－1　行动计划表**

<table>
<tr><th rowspan="2">星期</th><th colspan="3">目标内容</th><th rowspan="8">★自觉做到的<br>△经过提醒做到的<br>×没有做到的<br>每周统计并与上一周进行比较<br>进步：自我奖励<br>退步：自我惩罚</th></tr>
<tr><th>按时起床</th><th>带着预习问题听课</th><th>先复习后作业</th></tr>
<tr><td>一</td><td></td><td></td><td></td></tr>
<tr><td>二</td><td></td><td></td><td></td></tr>
<tr><td>三</td><td></td><td></td><td></td></tr>
<tr><td>四</td><td></td><td></td><td></td></tr>
<tr><td>五</td><td></td><td></td><td></td></tr>
<tr><td>六</td><td></td><td></td><td></td></tr>
</table>

## 第三节　学校心理咨询的结束阶段

### 一、回顾和评估

在心理咨询结束阶段，咨询师应与来访者针对最初确定的咨询目标、咨询方案，以及咨询过程中出现的问题和进展等内容进行回顾性的总结。主要是对达到既定咨询目标结果的评估；对来访者已取得的进步或进一步改善需要的评估。咨询师应具体地分析来访者所取得的成绩，明确来访者还需改进的方面，并鼓励来访者的独立意识与自立精神。

同时，咨询师还要让来访者对心理咨询的结束有一个逐步而良好的适应，也有助于来访者对结束咨询做好心理准备，树立起自立、自强和负责任的意识。

### 二、巩固咨询效果

在心理咨询结束阶段，咨询师要协助来访者巩固已有的进步，强化咨询过程获得的经验在日常生活中的应用，并促进这些学习收获逐步稳定，内化为来访者自身的观念、行为方式和能力，从而帮助他们独立、有效地适应现实环境。

### 三、结束心理咨询

在回顾、评价、巩固之后，心理咨询结束的时候也就到了。一般而言，在整个心理咨询过程即将结束之前，咨询师必须向来访者说明其心理问题已基本得到解决，不再需要继续保持咨询关系，否则不利于其成长。此外，咨询师还要提前告知来访者咨询关系即将终止，让他们对咨询结束做好准备，对结束后的生活有一定的心理准备，并可以在结束前的会谈中有机会解决他们因为咨询关系结束可能带来的问题。同时，咨询师要向来访者承诺，如真的有需要，也有必要，心理咨询机构或咨询师愿意再次提供关心和帮助。

结束之前,来访者一般需要填写咨询反馈表。

## 第四节　追踪随访

### 一、追踪随访的分类和目的

追踪随访主要分为两类:一类是心理咨询进展间期的随访,另一类是整个心理咨询结束以后的追踪。

1. 心理咨询进展间期的随访

所谓心理咨询进展间期的随访,是指在心理咨询进行的过程中,在每一次咨询结束后、下一次咨询进行前的跟踪访问。咨询进展间期随访的目的有以下两个方面:

(1)为下一次咨询服务。经由随访可以及时了解来访者在本次咨询结束后的感受以及进一步的思考,获知来访者在咨询外的表现以及改变,为下一次咨询收集必要的资料。

(2)为了解整个咨询过程以及效果服务。每一次咨询结束后,来访者对咨询效果的评估和来访者的自我评估是非常重要的,这有助于咨询师和来访者在整个咨询结束以后回顾咨询过程是如何进展的、咨询效果是如何产生的。

2. 整个心理咨询结束以后的追踪

所谓整个心理咨询结束以后的追踪,即在咨询终结以后的回访设置,通常在咨询结束后三个月、六个月或一年进行。一方面,可以作为对来访者的延展服务,获知来访者在咨询结束若干时间后对心理咨询的看法以及心理咨询对其生活的影响;另一方面,这种追踪可以根据咨询工作的活动记录,结合来访者的具体情况进行咨询效果的评估,整理出专业性较强、较完整的咨询记录。此外,有些咨询机构将对来访者追踪随访的结果作为对咨询师专业水平考核的指标之一。

## 二、追踪随访的注意事项

1. 坚持以来访者的利益为先

无论是哪一种追踪，都应该在来访者知情同意的前提下进行，并提前询问来访者合适的时间。在追踪随访环节，执行人员同样要保持专业关系以及专业限制，注意遵守保密原则，要避免以完成工作为由对来访者造成伤害。

2. 要保持中立的立场

无论追踪随访是由咨询师执行，还是由接待员完成，都要注意保持客观中立的立场，避免为追寻好的结果而加入个人引导，导致影响来访者的自由表达。在高校，对曾经咨询过的学生进行追踪随访往往是高校学生管理工作的重要内容。特别是对有心理问题比较严重，甚至选择办理休学的同学，心理咨询中心在其复学时以及复学后一段时间内应予以密切关注。

# 第四章 学校心理危机干预

## 一、危机与心理危机

### (一)危机与心理危机概念

凯普兰最先系统地提出危机(crisis)的概念。他认为,每个人都在不断努力保持一种内心的稳定状态,保持自身与环境的平衡与协调。当重大问题或变化发生使个体感到难以解决、难以把握时,个体的平衡就会被打破,内心的紧张不断积蓄,继而出现无所适从甚至思维和行为紊乱,即进入一种失衡状态,这也就是危机状态。危机干预专家贺福认为危机是一种由情境性、发展性或社会文化性的来源所引起的情绪不安,它会导致个体暂时不能用惯常的问题解决机制来对其进行应对。简言之,危机是指人类个体或群体无法利用现有资源和惯常应对机制加以处理的严重事件。

危机通常具有危险性和突发性,出乎人的预期,如果不能得到很快控制和及时缓解,就会导致人在认知、情感、行为上的功能紊乱,处于一种心理失衡的危机状态,这就是心理危机。所以心理危机是指危机事件超出了个体或群体现有资源和惯常应对能力范围时,人们所处的一种心理失衡状态。

### (二)心理危机的反应、过程及其后果

1. 心理危机的反应

心理危机发生时,大部分个体会出现一系列的身心反应,一般危机反应

会维持6～8周，主要表现在认知、情感、行为和生理上。在认知方面，学生的危机反应主要体现在注意力不集中，不想上学，头脑中反复出现危机情景，内疚自责，对未来失去信心，丧失安全感等。危机中的个体主要认知特点是认知狭窄，即局限于问题和困难，看不到其他解决问题的可能性、资源和希望。因此，在这种情况下对危机中的学生给予希望和支持是非常重要的。

在情绪方面，经历短暂的震惊之后，可能会出现混乱、害怕、恐惧、沮丧、麻木、怀疑、悲伤、绝望、无助、羞愧、易怒、罪恶感、平静不下来等。在行为方面，可能会出现攻击、社交性退缩、逃避、食欲不振、哭泣、大喊、酒精和药物使用量增加、坐立不安、过度警戒等。危机中的人主要行为特点是反常和易失控。除此之外，在面对危机时，个体还会出现一些生理反应，如头痛、震颤、皮肤过敏、气喘、木僵、不能弯腰和某些心身疾病等。

2. 心理危机的过程

一般来说，个体的心理危机主要经历以下4个阶段。

(1)冲击期。危机事件发生后不久或当时，个体感到震惊、恐慌、不能合理思考、不知所措。

(2)防御期。6～8周，表现为想恢复心理上的平衡，控制焦虑和情绪紊乱，恢复到危机前的认知功能，但又不知该怎么做，可能会出现否认、合理化等心理防御机制。

(3)解决期。个体接受现实，并寻求各种资源成功地解决问题，焦虑减轻，自我评价上升，社会功能恢复。

(4)成长期。多数人经历了危机后变得更成熟，获得了更多的积极应对技巧，但少数人消极应对而出现人格改变、敌意、抑郁、滥用酒精、药物和食物，甚至出现神经症、精神病和慢性躯体不适。

3. 心理危机引发的后果

每个人在人生中的不同阶段，都会经历某些危机事件，他们大多会产生社会适应不良，心理功能下降的现象，同时出现认知偏差、情绪不稳定、行为失调等症状。心理危机是一种正常的生活经历，但不同的人，由于其心理特质不同，对危机事件的认知不同，会采取不同的危机应对方式。因此，心理危机所产生的后果也不尽相同。

一般来说可以归为以下 4 种后果。

第一种是有效渡过了危机，并从中获得经验和成长，危机处理技能和心理健康水平得到提高。

第二种是虽然暂时渡过了危机，但并没有真正将危机造成的影响解决好，而是遗留下来一些认知、行为、人格等方面的问题，以后在一定条件下再度暴发危机。

第三种是经不住强烈的刺激，导致物质依赖与滥用、自伤、自残、自杀等。

第四种是未能渡过心理危机而出现心理障碍，如各种应激障碍、神经症或重性精神疾病。

一般来讲，危机会给人带来巨大的心理压力，但是危机反应不会带来生活上永久或极端的影响，由于危机程度的衰减、时间的推移，大部分人都能逐步恢复。但是如果心理危机过强，持续时间过长，会降低人体的免疫力，使人出现非常时期的非理性行为。对个人而言，轻则危害个人健康，增加患病的可能，重则出现攻击性和精神损害；对社会而言，会引发更大范围的社会秩序混乱，冲击和妨碍正常的社会生活。因此，我们要掌握应对危机和危机干预的方法和技术，当危机来临时，尽可能帮助自己和别人将危机的影响降到最低。

## 二、心理危机干预

危机干预(crisis intervention)是对处于困境或遭受挫折的人进行简短而有效的心理救助，帮助他们处理迫在眉睫的问题，使他们渡过心理危机，恢复生理、心理和社会功能水平。危机干预技术是近 40 年来国外常用于自杀和自杀企图者的一种有效的心理社会干预方法，是一种短程的帮助具有情绪危机者的心理救助过程。因此,危机干预有时也称"情绪急救"(emotional first-aid)。

在危机事件发生后,危机对个体的冲击往往是迅速而强烈的,若不能及时对处于危机中的个体实施快速而有效的救助,光靠个体自身和危机反应抗衡,可能会引发一系列问题,所以虽然心理危机干预在本质上属于支持性心理咨询和治疗,但在实际运用中,不涉及求助者的人格塑造,更侧重着眼于当前的创伤应激内容,强调借用简单心理治疗方法,在有限的时间内使个体恢复到危机发生前的功能水平。这是心理危机干预与心理咨询和心理治疗最大的不同之处。

另外,心理危机干预必须和社会支持系统结合起来,尤其是在遭受重大灾害的时候,心理危机干预需要和社会服务工作紧密结合,连同各方面人士共同工作,从这点来讲,心理危机干预确切地说是危机管理。心理危机干预的时机以急性阶段较为适宜,即个体在遭受创伤性事件后的24～72h。24h内一般不进行危机干预,因为处于危机初期的个体往往出现认知狭窄或紊乱,注意力不集中,此时对其进行心理干预很难取得较好的效果。我们对于该阶段的个体更多地要给予物质上的帮助和生理上的照顾,以及满足其安全感的需求。

## 三、心理危机干预的目的、原则和途径

### (一)心理危机干预的目的

心理危机干预的总目标是通过释放当事人蓄积的情绪,改变对危机事件的认知,结合适当的内外部资源,帮助当事人渡过危机,重建个体的各项心理和社会功能,恢复对生活的适应。具体而言,主要目的有以下3点。

(1)防止过激行为,如自杀、自伤或攻击行为等。心理危机干预首先要稳定当事人悲伤的情绪,阻止其进一步扩大和蔓延,以预防当事人对自己或他人造成进一步伤害。

(2)促进交流与沟通,鼓励当事人充分表达自己的思想和情感。鼓励其

保持自信心和进行正确的自我评价,提供适当建议,促使问题解决。当事人在危机初期往往情感上受到很大冲击,认知狭窄,此时最好的办法就是在一定时间的陪护后鼓励其开口说话,充分表达自己的思想和情感,只要愿意开口,负性情绪就可以得到一定的宣泄,从而减轻苦恼,缓解心理困扰。危机干预者不能因为此时的当事人语言组织困难而失去耐心,要充分倾听,让当事人感到你在关心他和理解他。在其充分表达自己的思想和情感后,干预者提供可行具体的建议,促进危机解除,并有效预防 PTSD、抑郁症等心理障碍。

(3)提供适当医疗帮助,处理昏厥、情感休克或激惹状态。当处于危机中的个体出现昏厥、情感休克、不停震颤、无法入眠、激惹状态等时,危机干预者应先提供适当的医疗帮助,然后再进行心理干预。

### (二)心理危机干预的原则

心理危机干预人员进入现场后,迅速地确定要干预的问题,采取各种心理技术帮助当事人重建心理功能,可以有效预防和减轻他们遭受心理创伤,要注意以下几个原则:

(1)保障安全。危机干预者在工作的始终,都要将保障危机者的安全作为首要原则。例如,对有自杀倾向的个案,使其远离可能造成伤害的物品、器械、地点,必要时实施监护或者在法律许可的情况下送医院治疗等。

(2)聚焦问题。危机干预者要从当事人的角度快速确定他需要干预的问题,并且强调以目前的问题为主,他们的问题多以情绪冲突表现出来。要明确个案的人格问题和其他深层次问题不是干预的主要目标,而是危机干预后心理咨询师后续需要处理的问题,危机干预工作者亟须做的是情绪急救。

(3)激活资源。危机干预者要了解自身工作的限制,明确危机干预的主要途径是发掘和激活个案的内在资源,因此在工作中要激发个案的主动性,鼓励他们发挥自身能力,积极寻找有效的方法应对危机中的各种问题。

### (三)心理危机干预的途径

危机干预的途径有很多,从干预形式的不同划分,主要有以下 3 种。

1.热线电话

近几年,心理咨询热线在心理危机干预工作中发挥了重要作用。热线电话咨询具有隐秘性、方便性和快捷性的特点,成为心理危机者寻求帮助的一个重要资源和途径。它可以使来电者毫无顾忌地畅所欲言,通过热线咨询员的客观分析和耐心劝导,从而在短时间内为处于心理危机的来电者有效释放压力,摆脱困境。尤其是对于有自杀倾向的危机者有即时的干预效果,可以削弱自杀危机者的自杀意念,降低其精神痛苦程度及绝望感,因此心理热线也被称为“救命线”。发达国家目前都设有“危机干预网络”,由危机干预热线和警方、消防队、急救中心、精神病院、社区组织等组成。一旦遇到自杀危机,这个统一组织就立刻响应,将采取统一行动,最大限度挽救生命。目前我国各地也设立了免费危机干预热线,由经过专门训练的专业人员或志愿者提供热线电话服务。一般较专业的危机干预热线设立机构往往拥有完善的督导监听和电话录音系统及设备,有一套标准化的自杀、抑郁评估及筛查系统及有效的高危来电和热线服务质量随访系统。

热线电话虽然是较为常用的一种危机干预服务途径,但是热线电话本身存在一定的局限。热线咨询员在接听热线时,由于互不见面,无法更多地互动,声音是获得信息、实施干预的唯一途径,这给危机干预带来了很大困难。另外,心理危机干预热线的接通率很低。究其原因,主要是人才流失严重,而新的热线咨询员的培训不是速成的,且很多心理热线咨询员队伍是由志愿者组成,因此热线咨询员的业务水平也成了热线危机干预效果的瓶颈。同时,热线电话还面临无人知晓的尴尬境地,因为大部分热线的建设经费并不包含宣传推广的费用。

2.现场面谈危机干预

现场面谈危机干预较热线电话危机干预而言,有着时效强的优势。危机者可以和心理干预人员面对面，将自己遇到的问题和对问题的认知，以及积压的情绪都表露出来，危机干预者可以面对面地使用一些心理咨询和治疗方法对危机者进行干预，以使得危机者改变认知、宣泄情绪，走出危机困境。

3. 集体心理晤谈

集体心理晤谈又称危机事件应激晤谈（critical incident stress debriefing，CISD），是一种系统的、通过交谈来减轻压力的方法，是一种简易的支持性团体治疗。当受到危机事件创伤影响的人数较多时，集体心理晤谈是最合适、最节约人力资源的危机干预方式。晤谈以团体的方式进行，一般为5～10人，人数过多，危机干预者较难控制团体，无法照顾到每个人的需求。晤谈时间一般控制在2h左右。集体心理晤谈的目标是给予参与的危机者以心理支持和安慰，让他们公开讨论内心感受，调动团体的动力，帮助他们互助，从而减轻创伤体验。

## 四、心理危机干预的基本流程

### （一）建立关系

良好的关系是心理危机干预的前提和重要保障，是心理危机干预的核心内容之一。关系建立的好坏将直接影响干预效果的成败。

（1）尊重。尊重是建立良好关系的基础，也是建立良好关系的重要内容。罗杰斯提出了“无条件尊重”这一概念。心理危机干预工作者尊重危机当事人，可以使其体验到被尊重、被接纳、被理解，有助于其获得安全、温暖的感受，从而敞开心扉，表达自我。

（2）热情。热情是心理危机干预工作者助人愿望的真诚流露。心理危机干预工作者热情、耐心、周到、细致的态度能使危机当事人感受到温暖，被关心、被友好地接待。

（3）真诚。在心理危机干预的工作过程中，真诚是一个非常重要的因素。真诚可以营造安全、自由的氛围，使危机当事人敞开心扉、坦诚陈述自己的问题而无需顾虑,心理危机干预工作者的真诚表达也为当事人树立一个良好的榜样,有助于当事人发现和认识真正的自我,促进自我探索和改变。

(4)共情。通过共情,心理危机干预工作者能够设身处地、准确地理解危机当事人,充分把握其内心世界,使当事人感受到自己是被理解、被接纳的,从而促进良好关系的建立,促进当事人深入、全面、准确地认识自我。

(5)积极关注。积极关注是对危机当事人的言行积极、正向一面予以关注,从而使其拥有积极的价值观,拥有改变内在动力。积极关注不仅有利于良好关系的建立,促进沟通,而且其本身就具有心理干预的效果。

### (二)心理评估

心理评估是应用于临床访谈、心理测验、认知行为评估等技术对个体心理进行全面、系统和深入客观描述的过程。准确的心理评估是有效干预的保障。心理评估需要多种评估技术的结合。

(1)临床访谈。临床访谈不同于随意谈话,访谈者更关注当事人如何回应问题。临床访谈的实施需要良好的技巧,必须建立在良好的咨访关系基础上实施。

(2)心理测验。在心理危机干预的过程中,心理测验无论是资料收集,还是效果评价,都是重要的手段。心理测验使评估的过程进一步标准化。心理测验最常用的有智力测验和人格测验。

(3)行为和认知评估。行为和认知评估需要通过各种方法收集资料,包括在现实生活、实验室、办公室进行直接观察、访谈及心理、行为及应激相关测验。

### (三)确定目标

制定心理危机干预目标,应建立在心理评估的基础上,在心理危机干预工作者全面准确地了解危机当事人具体问题及认知、行为和个性特征的前提下进行。商定干预目标需要危机干预工作者与当事人共同参与、共同配合,既要有具体的小目标,又要有长远发展和较为完善的大目标,促进危机当事人的心理健康和发展，充分挖掘人的潜能，实现人格完善。心理危机干预工作者在明确了危机当事人的有关情况、掌握了相关的信息后，对当事人进行全面的评估和分析，并制定有效的干预目标后，就可以开始具体的干预，基本的干预流程可参考以下 3 个方面。

(1)调动当事人的积极性。心理危机干预的本质是危机干预工作者运用心理学的理论和方法给予处于危机中的个体帮助，使之恢复心理平衡的过程。其关键是要调动当事人的积极性，鼓励当事人的自我探索和改变。

(2)对当事人启发、引导、支持和鼓励。危机干预工作者既要站在当事人的角度启发引导，帮助他们认识、领悟自身的问题，还要给予当事人支持鼓励，推动他们进行自我探索。

(3)克服影响干预的因素。在心理危机干预的过程中，危机干预工作者通过调动当事人的积极性，并运用启发、引导、鼓励、支持、推动当事人向着干预目标前进，但此过程并不都是一帆风顺的，可能会遇到一些阻碍当事人进行自我探索和改变的因素，危机干预工作者应当及时发现并帮助当事人克服这些阻碍，保证干预工作的顺利进行。

**(四)干预结束及随访**

干预进行一段时间且基本实现干预目标后，就可以考虑进入干预结束阶段。干预结束的时机，一般应在基本达到干预目标后，由双方商定，均认为可以结束为宜。干预结束前，心理危机干预工作者应综合所有资料，为当事人做一次全面的分析与总结，使当事人对自我有一个更清晰的认识，明确今后努力的方向，心理危机干预工作者不仅要强调干预的要点，而且要总结干预效果，充分肯定当事人取得的进步以及变化，帮助当事人在以后的生活中，充分运用所学的方法和经验，接受离别。随访是在干预工作结束一段时间后，心理危机干预工作者通过电话、网络或者面对面等形式与当事人取得联系，了解干预结束一段时间后当事人的情况，检验干预效果，督促其积极成长，是心理危机干预重要的一个步骤。

## 五、心理危机干预的基本理论

### (一)行为干预理论

行为干预的目的主要是实现特定的行为改变,降低或消除个体在危机中的一些不良行为,培养或提高个体一些良好的行为,从而提高个体对危机的免疫能力(实现特定行为的改变)。行为干预主要包括3类技术。

(1)降低不良行为发生的频率。主要采取的手段是实施惩罚,如果某一行为是由于得到了正强化的刺激而发生的,那么采用负性刺激就逐渐减少甚至消除该行为。暂停正强化,橡皮圈拉弹等是这类行为干预技术常用的方法。

(2)提高良好行为发生的频率。正强化是将令人愉快、喜爱的事物或事件与特定的目标行为相联系,达到提高该行为发生率的一种行为干预方法。正强化的原理是,在特定情境中,如果一个人的某个行为之后伴随的是他自己感到满意的结果,那么以后他面临相似情景时更有可能再次表现出这一行为。在此,感到满意的结果就是行为实施者能产生愉快、积极情感体验的强化刺激物。这样的强化刺激物可以是物质的,也可以是精神的。

(3)行为塑造。这需要持续地逐一强化更为接近目标行为的行为,同时消退先前的较为违背目标行为的行为,使目标行为得以形成。

### (二)认知干预理论

20世纪60年代,临床心理学领域出现了从认知途径对人的心理问题进行干预的研究,并相继形成了若干认知改变的技术。认知干预理论是根据认知过程影响情感和行为的理论假设,通过认知和行为技术来改变当事人不良认知的一类方法。认知干预理论高度重视当事人的不良认知和思维方式,并且把自我挫败行为(self-defeating behavior)看成是当事人不良认知的结果。所谓不良认知,是指歪曲的、不合理的、消极的信念或思想,他们往往导致情绪障碍和非适应性行为。因此,认知干预技术就在于矫正这些不合理的认知,从而使当事人的情感和行为得到相应的改变,如贝克的认知疗法、艾里斯的认知情绪疗法等。

认知干预理论不仅重视适应不良行为的矫正，而且重视干预对象认知方式的改变和认知—情感—行为三者的和谐。认知干预理论认为，认知是客观事件或外部刺激与个体情感和行为的中介因素，是客观事件或外部刺激造成个体情感和行为心理问题的重要原因，因此要解决心理问题就必须以个体的认知，主要是认知方面的偏差和失调为干预目标和切入点。

**(三)生态系统理论**

生态系统理论(ecosystem theory)认为，危机是产生于整体生态系统之中的，灾难性事件能够影响和改变整个生态结构。因此，仅仅处理幸存者的情绪创伤是不够的，还要恢复和稳定其与环境之间的平衡。目前，生态系统理论正在迅速发展，在此过程中，以下3个方面起到了重要的作用。

(1)电子媒介的影响如此广泛，以至于地球每个角落的灾难和创伤性事件都会迅速传遍世界。另一方面，正是由于科学技术的巨大进步，现在我们能够比较准确地预测台风、火山爆发、地震、森林火灾等信息在一定程度上提前做好准备。

(2)系统的相互依赖使我们逐渐地认识到，不管我们多么希望把不愉快的问题隔离开来，推迟付出心理、社会、经济和环境的代价，事实上是做不到的。付出得越迟，将来要偿还的代价就越高，出现更大灾难的可能性就越大。

(3)一种宏观系统的方法让我们逐渐懂得如果危机没有得到解决，那么不仅求助者会受到影响，其周边的社会经济和环境资源会受到很大的破坏，而且个体所在的整个生态系统也在劫难逃。

**(四)建构主义干预理论**

建构主义关注个体是如何运用自己的经验，心理结果和内部信念来建构知识和作出对外部世界的解释。个体经验有差异，对经验的信念也不同，所以对外部世界的理解也存在很大差异，这要求个体主动地和创造性地对知识经验进行建构。建构主义共分为以下3个阶段。

第一阶段，危机干预前期。此阶段中，尽管个体处于一个环境协调、压力适中的情景，其心理处于一个短暂性的平衡状态，能应对日常生活中的应激事件，但隐藏着潜在危机。危机通常是突然发生的，所以在这个阶段要注意采取预防措施，通过给予各方面的支持，帮助个体在完成自身内部的初级建构后，提早认识到危机发生的可能性和严重性，并积极应对。初级建构是个体自身内部的一种行为，我们可以防患于未然。提前给其灌输这些知识，让其同化这些知识，在内部机制中形成一份新的知识图式，这就是个体进行的初级建构。

第二阶段，危机干预中期。这是帮助个体进行高级建构的阶段，相比较初级建构，这一阶段对个体提出了更高的要求，要求个体在危机出现后通过真实体验，去内化、建构更成熟、更科学的认知图式。危机发生以后，心理素质较好的个体在初级建构模式的帮助下就能积极地、短时间地走出阴影、走出悲伤。这时可以采取团体辅导、个别辅导等形式进行干预，帮助他们积极采取措施的同时，再帮助他们完善、巩固认知图式，学会用积极的办法接受现实，成功地解决问题，减轻焦虑，提高自我评价，从而恢复社会功能，这是个体进行高级建构的过程。

第三阶段，危机干预后期。这是个体完成高级建构的一个重要阶段。在危机处理后，通过多种形式协助个体从解决心理问题的过程中汲取经验教训，从中学习到有效的自我调节方法，从而获得新的成长。这样个体不断地内化、建构和完善图式。

不管是初级建构，还是高级建构阶段，对个体实施具体的干预措施都要求提供相对具体的情境，使个体能够在具体的情境中，对以往由于自身知识经验而产生的不良信念进行矫正，得出合理的认知，从而在面对心理危机时作出理性的行为。从长远的角度看，提倡建构主义危机干预模式，能够优化个性，提高个体的应对和应变能力，这是最根本的干预方式。

### (五)折中的危机干预理论

折中的危机干预是指从所有危机干预的方法中，有意识地、系统地选择和整合各种有效的概念和策略来帮助干预对象。折中主义很少有理论概念,而是各种方法的混合。与理论概念相反,折中的危机干预理论是任务指向的,具体包括:

(1)确定所有系统中有效的成分,并将其整合为内部一致的整体,使之适合于需要阐释的行为资料。

(2)根据对时间和地点最大限度的了解,考虑所有相关的理论、方法和标准以评价和操作临床资料。

(3)不确定一定用任何特别的理论,保持一种开放的心态,对得到成功结果的方法和策略进行不断地实验。

折中理论将以下两个普遍的主题融合在一起:

(1)所有的人和所有的危机都各有特色而互不相同。

(2)所有的人和所有的危机都是相似的。

这两个主题看似矛盾其实并不互相排斥。之所以说所有的人和所有的危机都是类似的,是因为所有特殊而具体的危机类型都拥有普遍的共同成分。丧失亲人所引起的动力心理学过程具有普遍的意义,并为干预者提供了心理危机干预过程中的一般指导性原则。但是,针对个人而言,因丧失亲人而引起的心理危机干预过程必须因人而异,一个家庭怎样感受一个家庭成员死亡所带来的影响意义决定于很多因素的共同作用,如这个成员在家庭中的地位,每个成员对他死亡的反应态度以及因他死亡而造成的家庭结构的变化等。

## 六、学校的心理危机预防与干预

### (一)学生心理危机的特点及主要影响因素

学生心理危机的主要特点如下:

(1)发展性。大学生身处不同的年龄阶段,而发展性却是他们的共同特征。人在一生的各个不同阶段有着该阶段的重要发展课题与任务。

对大学生角色而言,认识自己、接纳自己;学习发展良好的人际关系,培养合群性、同理心；适应学校生活环境，热爱学校生活；发展学习能力，培养正确的学习观念、良好的学习习惯与兴趣；提升承受挫折的能力，培养良好的意志品质；在学习生活中学会调控自己的情绪，经常保持乐观、平和、愉快的心境；培养独立自主的精神，懂得对自己的行为负责；培养创造力和创造精神；完善性别角色，正确处理两性关系；树立作为社会成员所需具备的人生价值观；确立和完善自己的社会角色与任务；为选择职业和生涯发展作准备等，都是重要的发展任务。这些角色的适应、发展与完善本身就会使大学生产生角色压力，再加上处在发展转变，尤其是迅速变化中的个体极易受到应激事件的影响，大学生心理危机在急慢性应激作用下的发展性特点显而易见。

(2)交互性。大学生心理危机的发生常常是各种因素共同作用的结果。面临的当前阶段刻不容缓的发展任务，而个体身心的不成熟性又使得自身在应对应激时资源不足，如果同时叠加上特定的生活事件，各种问题互相缠绕、相互牵涉、互为因果，很容易引发学生的心理危机。

(3)易发性。心理危机的产生是个体内外部条件共同作用的结果。大学生在成长历程中，生理逐渐成熟，身体内部机能增强，性发育也走向成熟，但是心理的发展却处于由不成熟到成熟的过渡期。而且当今时代青年的生物性成熟超前，社会性成熟滞后，有着漫长的过渡期，其间相伴随的积极与消极、自负与自卑等矛盾冲突十分突出。任何一个也许在成年人眼中的寻常现象都可能引发大学生的心理危机，如果得不到及时和有效的发现与干预很可能导致悲剧性的后果。大学生的冲动自杀和激情犯罪多与此特征有关。

(4)潜在性。大学生的心理危机有时并非以直接爆发的方式体现，而是呈潜藏于个体之中的非典型表现，当遭遇到激发事件时，在个体的易感性之下，才引发心理危机。尤其是大学生，他们的心理特点更加表现出闭锁而动荡的特征，一如平静的海面下掩藏着湍流漩涡，负性心理的累积与渐进，恰似一个潜在的量变过程，一旦达到质变，就可能使潜在的危机变成现实的危机。这一特点也为我们觉察大学生心理危机的警号带来了挑战。

总体来说，人往往在极度生气、悲痛和低自尊时容易出现心理危机，甚至有消极、绝望等负性情感导致的自我伤害行为。然而究竟危机甚至自杀为何发生？虽经循证研究也难以得出确定、可靠的结论，但是大量的研究还是给出了重要的因果关系结论。大学生心理危机的发生，主要的影响因素来自以下4个方面。

(1)个性特点因素。

1)缺乏问题解决能力。大学生在遭遇问题困扰时，会更多地依赖他人，解决问题的思维不够活跃，缺乏自己在问题解决方面对未来途径的思考，容易导致明显的不良情绪反应。

2)冲动。大学生在面对困境时缺乏必要的思考，冲动性和攻击性行为倾向使他们更容易在面对自己眼中的困境时发生针对自己或他人的冲动甚至极端的行为，很多研究发现绝大多数的大学生自杀都具有冲动性。

3)绝望。大学生可能因为抑郁症状或障碍而出现的绝望使之产生自杀的想法。

4)愤怒和敌意。有自杀企图的大学生和具有可比性的其他人相对照，他们对人更加充满敌意。

(2)精神障碍因素。对大学生而言，心理健康问题会增加出现致命和非致命的自杀行为的危险性，如抑郁、成瘾行为、行为障碍等，越来越多的针对大学生的研究支持了这一结论。而且有研究显示，有自杀行为的大学生存在多种精神障碍的共病现象。

(3)家庭因素。虽然有心理危机甚至自杀问题的大学生不一定来自破碎的家庭，但是家庭关系不良、过高的家庭期待、缺少温暖、家庭不稳定以及父母离异、单亲家庭、留守儿童家庭等都成为大学生心理危机的家庭危险因素。

(4)媒体因素。研究发现，自杀可以通过模仿而习得。媒体对自杀行为进行具体、渲染、扭曲的描述，简单的自杀归因，但同时缺乏对帮助资源的介绍,缺乏对心理健康问题与自杀行为之间关联的分析,缺乏对大学生人生观、生死观的正确导引,从而导致因模仿效应而使大学生自杀的继发连锁反应。简而言之,大学生内外部因素的交互作用,对心理危机的发生起到重要甚至是决定性的影响。

### (二)学生心理危机干预中的评估

实施学生心理危机干预,评估是其重要的内容,而且它必须贯穿整个危机干预的始终。评估一般包括危机严重程度的评估、情绪状态的评估、应对方式与支持系统的评估和自杀危险评估。

1.危机严重程度的评估

学校心理咨询师在必要时可与来访学生建立危机导向的咨询关系。然而要提供这样的专业服务,需在最初的咨询过程,并且从评估学生面临的危险程度和危机水平开始建立。危机严重程度的评估一般从认知状态、情绪反应和精神活动等方面进行。

(1)认知状态评估。在急性情绪创伤或自杀准备阶段,当事人的注意力往往过分集中于自己眼中看到的“灾难”和悲伤反应,认知能力下降或窄化,思维模式消极扭曲。咨询师需要对当事人的认知状态进行评估,敏锐地观察其对于危机的认识是否符合真实情况,是否存在偏差、曲解以及偏差与扭曲的程度、持续时间,是否对自己扭曲的认知存在质疑等。扭曲程度越大,持续时间越长,自我反思越弱,一般显示危机越严重。

(2)情绪反应评估。情绪的变化十分敏感,情绪异常一般是危机中的当事人最先出现的心理征象。心理咨询师在评估危机严重程度时,需通过观察、会谈和借助心理测验,了解当事人的情绪状态,是否与引发情绪的情境相一致,是否在情绪的极性、强度、持续时间等方面表现适当,是否有情绪的过度激动与失控或低落与淡漠等。

(3)精神活动评估。处于危机情境中的当事人常常会出现精神活动的失衡,有的表现为迟滞、退缩、回避甚至无所适从,有的可能为无比亢奋。当事人的精神活动体现了其承受危机的能力,咨询师可以通过对当事人精神活动的评估判断其危机的严重程度。

2.情绪状态的评估

因为情绪常常是危机的首发征象,因而在危机的评估中还需对求助学生的当前情绪状态进行评估,其中危机的持续时间和当事人对当下危机的情绪承受能力是主要因素。

(1)情绪反应频度的评估。要评估当事人情绪反应的频度,何时出现,持续多长时间以及变化规律等。学生生活中应激的发生有时是急性的,可能强度比较大,但呈现出一过性,有的则可能是较为长期的应激,二者在干预时的关注点是有区别的。对于急性应激所导致的危机,干预时需要了解当前当事人遭遇的社会生活事件与压力构成,引导其应用合适的应对方法,努力寻求社会的帮助资源与自身的应付机制,尽可能独立地走出危机境遇,恢复情绪平衡状态。对于慢性应激所导致的危机,干预时则需要更为全面地评估构成当事人危机的整体因素,干预的过程也可能更加艰巨,渐进地帮助当事人建立信心、构建新的应对策略、恢复情绪平衡是咨询师必需要有的心理准备。

(2)情绪控制能力的评估。面对不同的危机,当事人在情绪控制能力方面存在着个体差异,而且处于危机之中的当事人残存的情绪力量也不同。有的人基本绝望,可以说情绪力量趋近于零;有的人则还有一定的情绪力量,也就是尚有一定的情绪控制能力。心理咨询师需要对危机当事人的情绪控制能力进行评估,不仅关注个体差异,更关注其当前的情绪状态。

评估当事人当前的情绪状态,需要全面了解影响危机学生情绪控制能力的各种个体相关因素,诸如年龄、个性特征、智力水平、学业状况、经济状况、人际关系、健康状况、家庭状况、亲子关系、过往经历等,客观地对当事人的自我情绪控制能力作出评估。

3.应对方式与支持系统的评估

心理咨询师在对当事人进行危机评估的过程中,不可忽视的是对其应对方式与支持系统的关注。身处危机的当事人出于趋利避害的本能,会采取自认为合适的方式进行应对，但事实上这些应对方式可能是错误的，也可能是无力的或无效的。应对方式越是错误、无力，危机就可能越是严重。社会支持系统对危机当事人而言就是生命的拉力，当事人可利用的社会支持系统越少，危机就越是严重。对危机当事人应对方式与支持系统的评估不仅是危机评估的关键之处，而且干预和影响本身就在此过程当中了。

4. 自杀危险评估

虽然在学校心理咨询中自杀并不很常见，但心理咨询师必须对危机当事人的自杀危险性评估予以高度重视，切不可掉以轻心，因为生命的丧失无可挽回。

**表 4－1　自杀评估表**

| 与自杀企图有关的事项 | |
|---|---|
| 1. 孤立 | 0　身边有人伴随<br>1　附近有人或保持联系(如通过电话)<br>2　附近无人或失去联系 |
| 2. 时间 | 0　有时间给予干预<br>1　不大可能有时间干预<br>2　几乎不可能有干预的时间 |
| 3. 警惕被发现/或干预 | 0　不警惕<br>1　被动警惕，如回避他人，但并不阻止他人对自己的干预(一人在房间中，但没锁门)<br>2　不与帮助者联系或不告知他 |
| 4. 在企图自杀期间或之后有想得到帮助的行动 | 0　有自杀企图时能告知帮助者<br>1　有自杀企图时与帮助者保持联系但并不特别告知他<br>2　不与帮助者联系或不告知他 |
| 5. 预料死亡期间的最后行动 | 0　没有<br>1　不完全的准备或设想<br>2　制定了明确计划 |
| 6. 自杀遗书 | 0　没有写遗书<br>1　写了遗书但又撕毁<br>2　留下遗书 |

表 4－1(续)

| 自我报告 | |
|---|---|
| 1. 当事人对致死性的陈述 | 0 认为他的所作所为不会对他构成生命危险<br>1 不能确定他的所作所为是否有生命危险<br>2 坚信他的所作所为将对他构成生命危险 |
| 2. 陈述的意图 | 0 不想去死<br>1 不能肯定或者不能保证继续活着还是去死<br>2 想去死 |
| 3. 预谋 | 0 感情冲动的，没有预谋<br>1 对自杀行动考虑的时间不足 1h<br>2 对自杀行动考虑的时间不足 1 天<br>3 对自杀行动考虑的时间大于 1 天 |
| 4. 对自杀行为的反应 | 0 当事人很乐意他被抢救脱险<br>1 当事人能确定他是感到高兴还是后悔<br>2 当事人后悔他被抢救脱险 |
| **危险性** | |
| 1 根据当事人行为的致死性和已知有关事项来推测可能的结果 | 0 肯定能活着<br>1 不大可能会死亡<br>2 可能或者肯定死亡 |
| 2. 如果没有专业处理，当事人会发生死亡吗 | 0 不会死亡<br>1 不一定<br>2 会死亡 |

注：评分达到或超过 10 分，提示有较高的自杀危险性。

### (三)学生心理危机预防与干预的学校管理

学生遭遇任何超出正常经验范围的事件，并且在应对过程中出现了超乎寻常的困难，甚至超出当事人可使用的资源和能力的范围，进而引起急性的认知、情感、躯体和行为等方面的失衡或危险状态，此时学校有责任及时地提供危机干预，并且为相关学生、教职员工和学生家长提供支持；学校有责任根据校园的实际需求进行危机干预工作；学校有责任提供必要的且他人力所不能及的帮助。

1.校园危机干预工作的开展应遵循的原则

校园危机干预工作的开展应遵循以下原则:①以人为本。危机干预工作,应尊重学生人格,维护学生尊严,保护学生隐私,促进学生发展。②关爱生命。危机干预工作应将保障学生人身安全和身心健康作为首要任务,最大限度地减少不良后果。③整合资源。危机干预工作应在学校有关工作领导机构的统一指挥和协调下,整合校内外各方力量,尤其是学生的家庭资源,形成合力。④快速反应。学校各相关部门及人员在面对危机事件或征兆时,应立即作出积极响应,协同合作,尽可能减少伤害或不利影响。

(1)领导机构。学校应设立学生心理危机干预工作领导机构,其成员由领导、学生教育管理、宣传、保卫、教学管理、后勤服务等相关部门的主要负责人构成,学生心理咨询专业部门是其中的重要成员部门,其职能为从专业角度全面领导、部署和协调学生心理危机干预工作,监督相关单位、部门和个人认真履行危机干预工作职责,对重大危机事件的处置进行决策,并为危机干预工作的开展提供必要的条件保障。

(2)工作体系。学生教育管理部门是学生心理危机干预工作的常设工作机构,在学校领导小组的领导下,具体负责危机干预工作的开展、组织和协调各院系(年级、班级)及相关部门实施危机干预工作;学生所在院系(年级、班级)分管学生工作的负责人组织相关人员,具体负责危机干预工作,对学生心理危机事件进行预防、处理、监控和信息上报,其他教职员工亦有责任和义务关心学生心理健康,协助、配合做好学生心理危机干预工作;学校宣传部门负责有关信息监控与对外发布;保卫部门负责配合做好心理问题学生监护、转介过程中的安全,以及对事发现场的勘察和保护,防止事态扩散和对其他学生的不良刺激,协调配合有关方面对事件调查处理等;教务部门负责学生学业问题相关危机信息的及时通报、预警,处理涉及心理危机学生的学习和考试等相关事项;后勤及学生生活管理部门负责对具有潜在危险地点或地域的预防性管理,落实危机学生的相关生活保障;学校其他相关部门应各司其职,相互配合,共同维护学生的身心健康与生命安全。

除此以外，在高校或普教高年级学段的学生层面应成立由心理委员、班干部、寝室长等组成的学生骨干队伍，在学生工作教师的指导下协助参与危机干预，实施朋辈互助。全校所有教职员工均有责任和义务关心、关注并维护学生的心理健康，参与或配合学生心理危机干预工作的实施。

(3)专业团队。学校心理咨询中心的专业人员必要时应和聘请的校内外心理咨询与治疗领域的有关专家，组成学校学生心理危机干预的专业团队，对学生心理危机进行评估、提出干预建议，或直接参与危机干预工作。

2.学生心理危机的预防

就学校学生心理危机的预防而言，一个重要任务就是及时发现并阻断危机发展的历程。由于个体和情境的差异，危机警号与线索也将有不同形式的呈现。但是，如果能够通过各类培训使得学校不同方面的人员能够对此提高觉察能力，同时提升应对处置能力，那么更多的危机都能够被前瞻性地识别并得到有效干预。

(1)传递危机警号的直接言语信息包括“我不活了”“我希望我已经死了”“我想要自杀”“我想让这一切都结束”“如果……无法实现，我就会杀了自己”等。

(2)传递危机警号的间接言语信息包括“我已经对生活厌倦了”“还有什么好继续下去的”“我除了给家人添麻烦，没别的”“如果我死了，不会有人在乎”“我不想再继续下去了”“我就是想离开”“我对一切都已经厌倦了”“如果没有我，你会更好”“生活已经没有意义”“很快我就解脱了”“一切都没有意思”“你会为你对待我的方式而后悔的”“拿走吧，我不再需要了”“没有人再需要我了”等。

(3)传递危机警号的行为线索包括沉迷网络，放弃学业；整理个人物品；将自己心爱的东西送给他人；新建或改变一个愿望；与同学、朋友和家人的关系突然改变(断绝或和解)；行为的改变，诸如尖叫、捶打、扔东西等；删除自己电脑中的所有资料；对过去感兴趣的事物失去兴趣；丧失技能，心智混乱，失去理解力、判断力或丧失记忆；烦躁并激越；极度懒惰、拖延，甚至懒于打理自己等。

(4)传递危机警号的情境线索包括学业失败或重要的阶段目标挫折;失恋;人际关系疏离;罹患绝症或长期难以治愈的慢性疾病;搬家或转学,尤其是在并非出自本人意愿的情况下;失去同学、朋友、家人,尤其是因自杀或意外导致的情形中;不明原因地对亲友发怒等。通过学校心理咨询师的专业努力,在学校范围乃至家庭、社区之中,普及危机防御的有关知识,一定能够有效地降低危机的风险,为当事学生带来更多的希望。

## 七、成功的心理危机干预工作者的特征

### (一)丰富的生活经验

一位心理危机干预工作者能否处理一个危机事件取决于他是不是一个完整意义的人,一个完整意义的人不管在日常生活,还是危机情境中都能够保持坚强、乐观,有效配置自己的心理资源,保持稳定、一致和完整。一个完整意义的人应该从丰富的生活经验和人生阅历中借鉴学习,通过专业化训练和职业指导使自己变得更加成熟、坚定,从而利用自己丰富的生活经验帮助当事人度过危机事件。

### (二)沉着冷静

危机突发让人始料未及,带来的往往是混乱和惊恐,因此心理危机干预工作者最基本的心理素质就是能够在混乱的局面下保持沉着、冷静。心理危机干预工作极具挑战性,在心理危机干预过程中,因干预对象各具自身特点,各种非预期的事件或危险的情境会时有发生,保持镇静是心理危机干预工作者正常开展工作的基础。当事人的情绪极不稳定,处于惊恐、分离状态时,心理危机干预工作者最有效的帮助就是自己保持沉着、冷静和镇定,为当事人创造一个稳定、理性的氛围,提供一种有利于当事人恢复心理平衡的模式。对情绪处于无序状态的当事人需保持耐心和理解,给予情感上的支持,并采取各种放松方式使当事人恢复冷静,将危机情况保持在自己的控制范围内。

同时，心理危机干预工作者也不可避免地存在情绪波动，有时会有强烈的情绪体验，但一位成功的心理危机干预工作者应能控制自己的情绪，冲动性的思想和行为会使心理危机干预走向失败，对当事人造成严重的后果。

**(三)快速的心理反应能力**

危机之所以是危机，是因为它发生突然，需要立即处理，可能还涉及干预对象及相关人员的生命安全。当危机发生时，心理危机干预工作者应具备快速的心理反应能力，必须在有限时间、有限信息的压力下作出正确处理。

与一般治疗性干预不同，心理危机干预工作者很少有足够的时间对问题进行慢条斯理的思考，一位成功的心理危机干预工作者必须具备敏锐的洞察力，在最短时间内发现潜在的问题，以冷静的思考、理性的态度统筹大局，提出解决问题的有效方法。

心理危机干预工作者面对不同的危机情境，有时做出的仅仅是一个最优的选择而不是完美、周全的选择，试图解决所有问题的理想化观点对心理危机干预工作者而言没有任何帮助，反而可能会使得自己疲惫不堪，对自己的工作能力产生怀疑，阻碍职业生涯的发展。同时，心理危机干预工作者在短时间内做出的决断可能并不完全正确，挫折和失败是常有的体验，因为不存在战无不胜的心理危机干预工作者，这时心理危机干预工作者要坚忍不拔、从失败中汲取经验，不要因为一时的困难和挫折而丧失信心。

**(四)良好的适应能力**

在进行心理危机干预工作时，心理危机干预工作者需要考虑地理学、人口学(年龄、性别、教育程度)和文化特征(民族、语言、宗教等)差异，特别是当心理危机干预工作者被派遣到不熟悉的地区或完全陌生的地方工作时，可能就会出现语言不通、文化碰撞的情况，任何无意的文化或种族假定，都可能会让当事人不满，甚至拒绝接受帮助。因此，心理危机干预工作者应尊重当地文化、风俗习惯和宗教信仰，帮助当事人尽快建立自身的社会支持网络，能够从当事人的角度了解细微的文化差异是心理危机干预工作的首要条件。

### (五)创造性和灵活性

心理危机干预工作者在从事心理危机干预工作之前都需进行专门的训练,职业培训会为心理危机干预工作者提供如何组织的指导原则、如何进行系统反应的基本原理以及各种有效的干预方法和预防控制策略。但心理危机干预工作者能够不拘泥于规则和经验,根据不同的情境、对象进行快速的变化,创造性地提出解决问题的方法和灵活性地做好心理危机干预工作,创造能力与灵活能力是职业培训所不能提供和教授的,因此面对复杂的、看起来难以解决的问题时,创造性和灵活性都是宝贵的财富。

在处理危机事件时,可以在事前作出预案,但针对什么样的危机事件对应怎样的应对方式的固定模式是没有的,心理危机干预工作者必须对危机中不断出现、不断变化的问题作出灵活地反应和处理。同时,还要将自己的经验和技巧与当事人的实际情况和现实条件结合起来,因人因时因地制宜,提供有效的支持与帮助。

### (六)充足的体力、精力及耐力

心理危机干预工作者的工作环境并非在安静、舒适的心理咨询室,这就要求心理危机干预工作者需要具备良好的身体素质、保持充沛的体力。

心理危机干预的工作模式与传统心理咨询的预约制完全不同,心理危机干预工作者的工作任务重、工作强度大,特别是在当事人数量庞大的情况下,心理危机干预工作者需要超负荷地进行工作,这种高强度运转却又得不到及时休息,这对心理危机干预工作者的身心健康是极大的挑战。同时,心理危机干预工作者亲临灾难现场,目睹一幕幕生死离别的场景,接触的是灾难暴露人群,时常感受到死亡给人带来的巨大伤痛,工作中经常充斥着负面的信息和情绪,而这不可避免地会对心理危机干预工作者的心理健康产生强烈的冲击。此外,心理危机干预通常是公益性的工作,即心理危机干预工作是主动提供心理服务的过程,当事人以被动求助为主,如果当事人的心理意识较差,那么心理危机干预工作者还需要承受当事人对心理援助与心理危机干预的误解和他们抵触、敌对的情绪。因此，心理危机干预工作对心理危机干预工作者的体力、精力和耐力提出了更高的要求，心理危机干预工作者要照顾好自己的身心需求，尽快适应周身环境，防止工作过劳和替代性创伤的出现，保持旺盛的工作精力和工作热情，充分发挥自己的工作潜能。

### （七）成长潜能

心理危机的成功解决至少包括两个层次：一是心理危机干预工作者帮助当事人把握现状、有效地应对危机，减少灾难带来的心理伤害，更高层次的结果是心理危机干预工作者引导当事人对危机事件进行重新认识，获得应对技巧和策略，从而获得成长的可能性。在危机事件的解决过程中，心理危机干预工作者也可能会获得自我成长，其前提条件是心理危机干预工作者要有成长和变化的意愿，这样每次的心理危机干预才能转化为内在的建设性潜力，自我成长才能随着人生阅历的增加而完成。心理危机干预工作者的自我成长是职业发展的不竭动力，也是决定干预效果的重要条件。

罗杰斯认为"要想促进他人的成长，个体自己首先必须要不断成长"，一位成功的心理危机干预工作者应进行积极的自我探索、保持自我觉察，促进个人成长，迈向专业技能的更高水平。

### （八）其他特征

一位成功的心理危机干预工作者除了具备上述的核心特征，还需具备自信、乐观、积极的心态；正确认识和接受现实的态度；良好的组织能力、沟通协调能力和人际关系；善良、诚实、富有责任心；热情、积极、尊重他人；勇敢、果断、有胆略。

# 参考文献

[1] 曹蓉,张小宁.应急管理中的心理危机干预[M].北京:北京大学出版社,2013.

[2] 高雯,董成文,窦广波,等.心理危机干预的任务模型[M].中国心理卫生杂志,2017,31(1):89-93.

[3] 罗伯特·内米耶尔.哀伤治疗:陪伴丧亲者走过幽谷之路[M].王建平,译.北京:机械工业出版社,2016.

[4] 洛克伦.不同理论视角下的危机心理干预[M].曾红,译.北京:知识产权出版社,2013.

[5] 施剑飞,骆宏.心理危机干预实用指导手册[M].宁波:宁波出版社,2016.

[6] 孙宏伟.心理健康教育学[M].第2版.北京:人民卫生出版社,2013.

[7] 时勘.灾难心理学[M].北京:科学出版社,2010.

[8] 杨艳杰.危机事件心理干预策略[M].北京:人民卫生出版社,2012.

[9] 曾红.应急与危机心理干预[M].北京:人民卫生出版社,2012.

[10] Briere,J.心理创伤的治疗指南[M].徐凯文,译.北京:中国轻工业出版社,2009.

[11] Eaton Y M, Ertl B. The comprehensive crisis intervention model of Community Integration In Crisis Services. //Roberts AR. Crisis Intervention Handbook: Assessment, Treatment, and Research[M]. 2nd

ed. London: Oxford University Press, 2000.

[12] James RK, Gillland BE. 危机干预策略[M]. 高申春，译. 北京：高等教育出版社，2009.

[13] Barnard L K, Curry J F. Self-compassion: Conceptualizations, Correlates & Interventions [J]. Review of General Psychology, 2011, 15 (4):289 - 303.

[14] Bishop S R, Lau M, Shapiro S, et al. Mindfulness: A Proposed Operational Definition [J]. Clinical Psychology Science & Practice, 2004, 11(3):230 - 241.

[15] Brown K W, Ryan R M. The benefits of being present: mindfulness and its role in psychological well-being [J]. Journal of Personality and Social Psychology, 2003, 84(4):822 - 848.

[16] Keng S L, Smoski M J, Robins C J. Effects of mindfulness on psychological health: a review of empirical studies [J]. Clinical Psychology Review, 2011, 31(6):1041 - 1056.

[17] Ludwig D S, Kabatzinn J. Mindfulness in Medicine [J]. JAMA: the journal of the American Medical Association, 2008, 300(11):1350.

[18] Lutz A, Slagter H A, Dunne J D, et al. Attention regulation and monitoring in meditation[J]. Trends in Cognitive Sciences, 2008, 12(4): 163 - 169.

[19] Walsh R, Shapiro S L. The meeting of meditative disciplines and Western psychology: a mutually enriching dialogue [J]. Am Psychol, 2006, 61(3):227 - 239.

[20] White M. Deconstruction and Therapy[J]. Dulwich Centre Newsletter, 1994, 3: 21 - 40.

[21] White M, Epston D. Narrative Means to Therapeutic Ends[M]. New York: Norton, 1990.

[22] Williams J M. Mindfulness and psychological process[J]. Emotion, 2010, 10(1):1.

[23] 杜玉春. 攻击性青少年的箱庭作品特征与箱庭治疗研究[D]. 北京师范大学,2007.

[24] 布克. 短程动力取向心理治疗实践指南:核心冲突关系主题疗法[M]. 邵啸,译. 北京:中国轻工业出版社,2017.

[25] McWhirter J,等. 危机中的青少年[M]. 寇彧,译. 北京:人民邮电出版社,2009.

[26] Sandler J,等. 病人与精神分析师[M]. 施琪嘉,曾奇峰,肖泽萍,译. 北京:中国轻工业出版社,2011.

[27] Freedman J. 叙事治疗——解构并重写生命的故事[M]. 易之新,译. 台北:张老师文化出版社,2000.

[28] Egan G. 高明的心理助人者[M]. 第8版. 郑维廉,译. 上海:上海教育出版社,2008.

[29] Leahy R L. 认知治疗技术——从业者指南[M]. 张黎黎,译. 北京:中国轻工业出版社,2005.

[30] 克莱尔. 现代精神分析圣经:客体关系与自体[M]. 贾晓明,苏晓波,译. 北京:中国轻工业出版社,2003.

[31] 钱铭怡. 心理咨询与心理治疗[M]. 北京:北京大学出版社,2004.

[32] Nye R D. 三种心理学:弗洛伊德、斯金纳、罗杰斯的心理学理论[M]. 石林译. 北京:中国轻工业出版社,2001.

[33] Robert J, Ursano M D,等. 精神动力学指南[M]. 林涛,译. 北京:人民卫生出版社,2010.

[34] 申荷永,陈侃,高岚. 沙盘游戏治疗的历史与理论[J]. 心理发展与教育,2005, 21(2):124-128.

[35] 申荷永,高岚. 沙盘游戏:理论与实践[M]. 广州:广东高等教育出版社,2004.

[36] 陈福国. 学校心理咨询专业理论与技术[M]. 上海：上海人民出版社，2009.
[37] 李正云. 学校心理咨询[M]. 北京：中国轻工业出版社，2002.
[38] 邵志芳. 认知心理学——理论、实验和应用[M]. 上海：上海教育出版社，2006.
[39] 黄晞建，朱健. 高校心理健康教育理论与实践[M]. 上海：上海交通大学出版社，2015.
[40] 萨默斯-弗拉纳根. 心理咨询面谈技术[M]. 第4版. 陈祉妍，译. 北京：中国轻工业出版社，2014.
[41] 韦尔费勒，帕特森. 心理咨询的过程——多元理论取向的整合探索[M]. 第6版. 高申春，等译. 北京：高等教育出版社，2009.
[42] 吉拉德·伊根. 高明的心理助人者：处理问题并发展机会的助人途径[M]. 第8版. 郑维廉，译. 上海：上海教育出版社，2008.
[43] 莱斯·帕罗特. 咨询与心理治疗[M]. 郭本禹，译. 北京：高等教育出版社，2009.
[44] 格勒，贝克. 21世纪的学校咨询[M]. 第4版. 王工斌，焦青，伍芳辉，等译. 北京：中国轻工业出版社，2008.
[45] 施密特. 学校心理咨询实用规划[M]. 第4版. 沈湘秦，译. 北京：中国轻工业出版社，2005.
[46] 吉利兰，詹姆斯. 危机干预策略[M]. 高申春，译. 北京：高等教育出版社，2009.
[47] J. J. 施密特. 学校中的心理咨询：为所有学生提供反应性服务的全面的项目[M]. 刘翔平，译. 上海：华东师范大学出版社，2008.
[48] 希尔达·洛克伦. 不同理论视角下的危机心理干预[M]. 曾红，等译. 北京：知识产权出版社，2013.
[49] 王明旭，李小龙. 大学生自杀与干预[M]. 北京：人民卫生出版社，2012.

[50] 牛格正,王智弘. 助人专业伦理[M]. 心灵工坊文化事业股份有限公司,2008.

[51] 吴增强. 学校心理辅导实用规划[M]. 北京:中国轻工业出版社,2012.

[52] 季建林,赵静波. 心理咨询和心理治疗的伦理学问题[M]. 上海:复旦大学出版社,2006.

[53] Osipow, Samuel H W B, Walsh, et al. Tosi, A Survey of Counseling Methods[M]. Illinois: The Dorsey Press, 1980.

[54] Patterson C H. Theories of Counseling and Psychotherapy[M]. 2nd ed. New York: Harper & Row, 1973.

[55] Sherman A R. Behavior Modification: Theory and Practice[M]. California: Brooks/Cole, 1973.

[56] 叶浩生. 西方心理学理论与流派[M]. 广州:广东高等教育出版社,2004.

[57] 赫根汉. 心理学史导论[M]. 第4版. 郭本禹,蔡飞,姜飞月,等译. 上海:华东师范大学出版社,2004.

[58] 郑日昌,陈永胜. 学校心理咨询[M]. 北京:人民教育出版社,1991.

[59] 徐光兴. 学校心理学[M]. 上海:华东师范大学出版社,2000.

[60] 张伯源,敖明,徐岫茹. 心理咨询和行为治疗[M]. 北京:团结出版社,1990.

[61] 卡尔R罗杰斯. 当事人中心治疗:实践运用和理论[M]. 李孟潮,李迎潮,译. 北京:中国人民大学出版社,2004.

[62] 李正云. 学校心理咨询[M]. 北京:中国轻工业出版社,2002.

[63] 吉拉德·伊根. 心理助人精要[M]. 郑魏廉,译. 上海:上海教育出版社,2008.

[64] Robert L. Leahy. 认知治疗技术从业者指南[M]. 张莉莉,译. 北京:中国轻工业出版社,2005.

[65] 徐俊冕,季建林. 认知心理治疗[M]. 贵阳:贵州教育出版社,1999.

[66] 艾伦·艾维，迈克尔·丹德烈亚，等. 心理咨询与治疗理论：多元文化视角[M]. 李鸣校，译. 北京：世界图书出版公司，2008.

[67] 戴夫·默恩斯，布赖恩·索恩. 以人为中心心理咨询实践[M]. 刘毅，译. 重庆：重庆大学出版社，2010.

[68] Robert D. Nye. 三种心理学——弗洛伊德、斯金纳和罗杰斯的心理学理论[M]. 石林，袁坤，译. 北京：中国轻工业出版社，2000.

[69] Phil Joyce，Charlotte Sills. 格式塔咨询与治疗技术[M]. 叶红萍，译. 北京：中国轻工业出版社，2005.

[70] 陈福国. 学校心理咨询专业理论与技术[M]. 上海：华东师范大学出版社，2017.

[71] 贾晓明. 高校心理咨询理论与实务[M]. 北京：北京理工大学出版社，2018.

[72] 莱恩·斯佩里. 心理咨询的伦理与实践[M]. 侯志瑾，译. 北京：中国人民大学出版社，2012.

[73] 美国精神医学学会. 精神障碍诊断与统计手册[M]. 张道龙，译. 北京：北京大学医学出版社，2016.

[74] 克拉拉·E·希尔. 助人技术：探索、领悟、行动三阶段模式[M]. 胡博，译. 北京：中国人民大学出版社，2013.